Originelle Vortragstexte für jeden Anlass

Antje Dohrn

Originelle Vortragstexte für jeden Anlass

Sketche, Reden, Verse

Zum Thema bereits erschienen:

Antje Dohrn
Sketche für den Hochzeitstag
Silberne, goldene und andere Jubiläen
ISBN 3-332-01432-3

Antje Dohrn
Lustige Sketche für Familienfeste
ISBN 3-332-01246-0

Antje Dohrn
So wird die Hochzeitsfeier zur Party
ISBN 3-332-01299-1

Gerald Drews
Festreden
Von der Geburt bis zum 100. Geburtstag
ISBN 3-332-01289-4

Ingeborg Düffert
Alles Gute!
Der passende Vers zu jedem Geschenk
ISBN 3-332-01433-1

Ingeborg Düffert
Vortragstexte für Familienfeste
Erprobt und erfolgreich
ISBN 3-332-01245-2

Elke Müller-Mees
Kindersketche für Familienfeste
ISBN 3-332-01298-3

Jutta Rintelen
Heitere Glückwunschverse für jede Gelegenheit
ISBN 3-332-01290-8

Gertrud Teusen
Wir feiern Silberhochzeit
Mit Tipps für weitere Hochzeits-Jubiläen
ISBN 3-332-01127-8

Die Autorin: Antje Dohrn ist ausgebildete Studienrätin für Deutsch, Englisch und Französisch und lebt als Hochschuldozentin und Autorin in Berlin. Sie hat im Urania Verlag bereits sieben erfolgreiche Ratgeber veröffentlicht, darunter in der Reihe »Freizeit und Familie«: »Lustige Sketche für Familienfeste«, »So wird die Hochzeitsfeier zur Party« und »Sketche für den Hochzeitstag«.

Bibliografische Information Der Deutschen Bibliothek
Die Deutsche Bibliothek verzeichnet diese Publikation in der Deutschen Nationalbibliografie; detaillierte bibliografische Daten sind im Internet über http://dnb.ddb.de abrufbar.

www.dornier-verlage.de
www.urania-verlag.de

1. Auflage August 2003

Der Urania Verlag ist ein Unternehmen der Verlagsgruppe Dornier.

Die Schreibweise entspricht den Regeln der neuen Rechtschreibung.

Umschlaggestaltung: Behrend & Buchholz, Hamburg
Titelfoto:
Lektorat: Dr. Marianne Jabs
Gestaltung und Layout: AS Typo & Grafik, Berlin
Druck: Westermann Druck Zwickau
Printed in Germany

Gedruckt auf alterungsbeständigem Papier mit chlorfrei gebleichtem Zellstoff.

ISBN 3-332-01438-2

Liebe Leserin, lieber Leser ...

Feste waren zunächst religiöse Feiern, ihre Anlässe traditionellerweise große Einschnitte im menschlichen Leben, z. B. Geburt, Pubertät, Hochzeit und Tod.

Jede Kultur und Festgemeinde hat eigene Riten und Vorstellungen, doch etwas verbindet uns alle: Die gemeinsame Freude am Feiern!

Unterschiedliche Kulturen und Epochen – unterschiedliche Feieranlässe und Feste: In Jägerkulturen werden Beginn und Abschluss der Jagd durch große Feste begangen. Bäuerliche Kulturen richten ihre Hauptfeste dagegen nach den Jahreszeiten aus, nach Aussaat und Ernte. Und ein höfisches Fest im Barock war eine Staatsaktion, mit dem Ziel, die Welt in all ihrer Fülle abzubilden und die Macht und Größe des Herrschers zu demonstrieren.
Feste und Feiern sind nicht nur eine Abwechslung in unserem täglichen Leben, sondern sie bringen auch alte Bräuche wieder in Erinnerung und setzen Traditionen fort.
Noch heute geben uns Form, Gestaltung und Ausmaß der Feierlichkeiten ein Bild von den Feiernden, der Zeit, in der wir feiern, und der Kultur, an der wir teilhaben.

Ich wünsche Ihnen, dass die Anregungen in diesem Buch etwas zu Ihrer Festfreude beitragen können!

Antje Dohrn

So wird's gemacht: Planung, Vorbereitung und Durchführung

Der Wetterbericht hat versagt: Statt heiter und sonnig ziehen unübersehbar dunkle Regenwolken auf ...; der Redner ist heiser, Ihre Gäste beäugen einander argwöhnisch, und die Schauspieler haben bei der Generalprobe die Pointe vergessen? Alles kein Grund zur Sorge! Nachdem Sie die folgenden Hinweise gelesen haben, bringen Sie solche Kleinigkeiten im Vorfeld Ihrer Feier nicht auf die Palme, sondern höchstens zu einem Lächeln!

Die Sketche, kurzen Reden und Verse lassen sich ohne großen Material- und Vorbereitungsaufwand sowohl im Raum als auch im Freien umsetzen.

Oftmals wird ein Fest zwar schon weit im Voraus geplant, doch kommen dann nicht selten unvorhersehbare Dinge dazwischen, die auch ein noch so ausgetüfteltes Festprogramm ins Wanken bringen können!
Diese Erfahrungen sind mit in die Konzeption dieses Buches eingegangen.

Sketche

Die Angaben für Mobiliar, Kostüme, Requisiten, Ton usw. sind in erster Linie als Anregung zu verstehen und sollen dem Leser zunächst einen Einblick in die dargestellte Szene geben. Ausgetauscht werden kann hier natürlich nach Belieben, je nach Zielgruppe, Feieranlass und eigenen Vorstellungen!
Zwei Aspekte sollten Sie jedoch bei der Planung und Aufführung der kleinen Stücke vor dem Publikum im Auge behalten:

1. Die Rollen sollten von den Darstellern überzeugend und passend wiedergegeben werden: Spielen Sie sich in mehreren Übungsdurchgängen ein und gewinnen Sie die letzte Sicherheit dann in der Generalprobe!

2. Schaffen Sie möglichst gute Voraussetzungen für das Gelingen Ihrer Aufführung, indem Sie überprüfen,
   - ob es eine feste Tischordnung und damit genug Raum für das Spielen gibt,
   - eventuell ein kleines Podium oder eine (improvisierte) Bühne vorhanden ist,
   - für alle Gäste uneingeschränkte Sicht auf das Geschehen gewährleistet ist und genügend Plätze vorhanden sind,
   - die Elektrizität (Steckdosen, Licht) und Akustik stimmt,

- störende Nebengeräusche ggf. ausgeschaltet werden können,
- Zeit und Raum (ein Off-Bereich) für mögliche Umbauten und Kostümwechsel während eines Sketches oder bei aufeinander folgenden Sketchen eingeplant werden müssen.

Reden

Die Reden in diesem Band sind in ihrem Umfang schon nach drei oder vier Probevorläufen gut zu bewältigen.

Thematisch finden Sie – je nach Anlass – sowohl feierliche als auch heitere Töne; die Struktur der Reden ist überschaubar, sodass Sie sich den Text leicht einprägen können.
Auch hier haben Sie alle Möglichkeiten zur Veränderung: Passen Sie die Reden an den jeweiligen Jubilar oder die Jubilarin an, halten Sie sich an die Grundstruktur und ändern Sie hier und da nach freien Stücken, Lust, Laune, wenn es Gratulant, Anlass oder die Festgemeinde erfordern.
Beherzigen Sie ein paar kleine Regeln, dann steht dem Erfolg Ihres Redebeitrages nichts mehr im Wege:

- Sorgen Sie zu Beginn der Rede für Ruhe, sodass dem Redner die notwendige Aufmerksamkeit entgegengebracht wird.
- Ist der Raum groß und die Festgemeinde zahlreich, empfiehlt sich oftmals ein Mikrofon.
- Der Redner sollte einen besonderen Platz einnehmen (z. B. an der Stirnseite des Tisches bei einer Tischrede oder an einem gut sichtbaren, hervorgehobenen Ort im Raum bzw. draußen (z. B. auf einem kleinen Podium).
- Achten Sie darauf, sich laut, deutlich und im Tempo angemessen auszudrücken, und variieren Sie Ihre Tonlage. Es gibt nichts Einschläfernderes als eine heruntergeleierte Rede!
- Verwenden Sie auch Mimik und Gestik an passenden Stellen Ihrer Rede und halten Sie Augenkontakt zu Ihrem Publikum.

Verse

Bringen Sie Verse als muntere Mini-Einlage auf Ihrem Fest!

Die Verse zu den unterschiedlichen Feieranlässen dieses Buches verstehen sich als kleine Erfrischung zwischen größeren Programmpunkten oder als Überbrückungshilfen.
Auch hier gibt es Feierliches, viel Heiteres und ein bisschen Blödelei in Form der einen und anderen nicht ganz ernst gemeinten Anspielung an die ehrwürdigen Verse größerer Meister vergangener Tage ...
Wählen Sie auch hier das aus, was zu Ihrer Situation passt, halten Sie sich an den Rahmen und verändern Sie die Namen; dichten Sie selbst ein bisschen dazu!

Auch für die Verse gelten die Rederegeln, doch ist es hier besonders wichtig,

- den Rhythmus der Verse durch mehrmaliges Lesen und anschließendes freies Aufsagen zu erfassen und
- einen Vortragenden zu finden, der die Verse (ob feierlich-ernst oder heiter) überzeugend vorträgt (Ausdruck, Tonfall, Mimik, Gestik etc.).

Achten Sie insgesamt auf Abwechslung und eine runde Mischung in Ihrem Festprogramm und stellen Sie stets den gemeinsamen Spaß über den – wenn auch berechtigten! – Anspruch auf ein gutes Gelingen Ihrer unterhaltsamen Beiträge!

Taufe

Nicht alle, die getauft werden, kommen im Taufkleid daher, und nicht immer ist die Taufe in der festlichen Atmosphäre einer Kirche geplant – unterschiedliche Vorstellungen und Namensverwechslungen können schon zu kleinen Missverständnissen führen ...

Knapp daneben

Sketch

Sketchdauer: ca. 3-4 Minuten
Person: Beatrix, um die 30
Requisit: tragbares Telefon

Eingangsszene: Beatrix läuft auf der Bühne hin und her und telefoniert dabei mit ihrer Mutter. Sie ist in guter Stimmung und gestikuliert lebhaft mit der freien Hand.

Beatrix: Noch etwas, Mutter! Bitte zieh dich warm an. Wieso? Na, du sollst dich doch bei diesen Temperaturen nicht erkälten! Drinnen? Ja, danach gehen wir natürlich in ein Restaurant und feiern dort weiter, aber zunächst sind wir eine Weile an der frischen Luft. *(horcht in den Hörer)* Festliche Kleidung? Nein, mach dir mal keine Sorgen! *(kichert)* Emma weiß das sowieso nicht zu schätzen. Zieh etwas Altes und Bequemes an, vielleicht wirst du ja sogar nass! Ein Geschenk? Das ist eigentlich nicht nötig, aber du kannst ja vorsichtshalber noch eine Flasche Sekt mitbringen, obwohl wir eigentlich genug Flaschen zum Zerschlagen haben. *(lacht)* Lieblos und nicht kindgerecht? Jetzt übertreibst du aber! So viele Kinder kommen gar nicht, und dieser Anlass muss doch begossen werden! *(etwas beleidigt)* Geschmacklos findest du das? *(schüttelt den Kopf und verdreht die Augen)* Um wieviel Uhr? *(nachdenklich)* Warte mal ..., ich denke, gegen 11 Uhr wollten wir sie ins Wasser lassen ... *(reißt erschrocken den Hörer vom Ohr)* Respektlose Ausdrucksweise? *(beschwichtigend)* Schon gut, bitte reg dich nicht auf ! *(betont höflich und gewählt)* Sei doch bitte um 10 Uhr dort, dann können wir mit der Taufe beginnen und die Fregatte dann gegen 12 Uhr ... *(erstaunt)* Ob Ella zugenommen hat? Aber nein, sie ist immer noch ganz zierlich mit ihren sechs Monaten ... *(irritiert)* Wie kommst du denn jetzt plötzlich auf Ella, Mutter? *(nach einer kurzen Pause fängt Beatrix plötzlich herzlich an zu lachen. Sie schlägt sich mit der Hand an die Stirn)* Ach, jetzt verstehe ich ! Nein, es geht nicht um die Taufe deines Enkelkindes Ella – die ist noch gar nicht geplant –, sondern um die unseres neuen Segelbootes, von dem wir dir erzählt haben. Jürgen will es morgen auf den Namen Emma taufen!

Taufe und Patenschaft

Rede des Paten/der Patin

Liebes Patenkind, liebe Eltern, liebe Taufgemeinde!

Es ist mir eine große Freude, diesen besonderen Tag mit euch allen hier feiern zu dürfen. Zunächst einmal möchte ich – auch stellvertretend für die anderen Paten – mein neues Patenkind in unserer Gemeinschaft herzlich willkommen heißen.

Bedeutung der Taufe

Mit der heutigen Taufe wurde unsere Steffi/unser Stefan in den Schoß der Kirche aufgenommen und ist jetzt ein Mitglied unserer christlichen Gemeinschaft. Das gemeinsame Taufmahl ist ein Zeichen unserer gegenseitigen Verbundenheit, und es ist schön, dass wir diese Tradition heute im Kreise der Familie mit Verwandten und Freunden feiern können.
Das Taufgelöbnis, das ich als Pate abgelegt habe, liegt mir sehr am Herzen. In ganz besonderer Weise fühle ich mich jetzt mitverantwortlich für mein Patenkind, für seine Hoffnungen, Ängste und Wünsche. Als Ratgeber/in, Wegbegleiter/in, Fürsorger/in, Ansprechspartner/in in allen Lebenslagen und auch verlässliche(r) Freund/in möchte ich mein Patenkind in der Zukunft möglichst lange begleiten und es so auf seinem Weg durchs Leben unterstützen.

Vorfreude

Ich freue mich schon auf die Dinge, die wir in Zukunft gemeinsamunternehmen werden – angefangen mit den Geschichten, die ich dir, liebe Steffi/lieber Stefan, auf unseren Spaziergängen an der frischen Luft erzählen kann und die du jedes Jahr ausführlicher aus deinem Kinderwagen heraus kommentieren wirst! Bald kommt dann die Zeit, in der ich endlich wieder im Sandkasten sitzen und Zuckersandtorten backen darf, ohne von den Nachbarn skeptisch beäugt zu werden – denn du bist ja bei mir!

Wir könnten auch deine erste Schultüte zusammen basteln, und ich verspreche dir, mir Mühe zu geben, damit du nicht in Tränen ausbrichst, wenn wir fertig sind! Aber auch wenn du kein/e perfekte/r Sandkuchenbäcker/in und Schultütenbastler/in werden willst, werden wir bestimmt viele lustige gemeinsame Momente verbringen, und du sollst jederzeit mit einem offenen Ohr für deine Fragen und Probleme rechnen können.

Alles in allem will ich dir stets kräftigen Anschwung geben, um deine höchsten Ziele zu erreichen, und gleichzeitig dein Polster sein, auf dem du landen kannst, falls du doch einmal fallen solltest! In diesem Sinne beglückwünsche ich dich zu deiner heutigen Taufe und mich dafür, dass ich dein Taufpate/deine Taufpatin sein darf.

Blick in die Zukunft

Durch gegenseitige Anregungen und stetigen Austausch können wir uns gemeinsam weiterentwickeln und unsere ganz besondere Bindung in all den kommenden Lebensphasen stärken.
Ich freue mich darauf, ein Zeuge der weiteren Entwicklung von Steffi/Stefan zu sein und hoffe, an vielem in ihrem/seinem Leben teilzuhaben.
Für alles Kommende wünsche ich dir, liebe Steffi/lieber Stefan, Gottes Segen, Gesundheit, Glück und Zufriedenheit und uns allen für heute eine harmonische und schöne Tauffeier!

Verse zur Taufe

Der Pfarrer gibt ein Tröpfchen
Dem Täufling auf das Köpfchen.

Gibt ihm dadurch den Segen,
Viel Mut auf allen Wegen.

Bringt ihn in unsre Mitte
Nach schöner Kirchensitte.

Zur Einschulung

Manch zukünftiges Schulkind freut sich mehr auf die prall gefüllte Schultüte am Tag der Einschulung als auf den Schulbeginn selbst, obwohl diese Überraschungstüte für einige auch eine – im wörtlichen Sinne! – schwere Herausforderung darstellen kann.
... und mitunter kommt man auch im fortgeschrittenen Alter und auf Umwegen noch einmal zurück auf die Schulbank!

Geschafft!

Sketch

Sketchdauer: ca. 7 Minuten
Personen: Mutter und 6-jährige Tochter
Mobiliar: Tisch und Stuhl
Requisiten: eine riesengroße Schultüte, Zeitschrift

Eingangsszene: Die Mutter sitzt gemütlich am Tisch und blättert in einer Zeitschrift. Ihre Tochter befindet sich im Off-Bereich: Das Publikum kann sie nicht sehen, nur hören.

Tochter: *(mit dünnem Stimmchen)* Mami, ich glaube, ich schaff das nicht!

Mutter: *(ruhig)* Du wirst bestimmt einen ganz tollen ersten Schultag morgen haben.

Tochter: *(skeptisch)* Ich glaube aber …

Mutter: *(sie unterbrechend)* Glaub mir, Claudia, das ist nur die Aufregung vor deiner Einschulung. Du hast dich doch all die letzten Wochen so darauf gefreut!

Tochter: Ja, aber …

Mutter: Deine Klassenlehrerin macht so einen netten Eindruck, und viele Kinder aus deiner neuen Klasse kennst du schon!

Tochter: Das meine ich nicht.

Mutter: *(verständnisvoll nickend und weiter in ihrer Zeitschrift blätternd)* Ich verstehe schon, dass du aufgeregt bist! Ab morgen bist du ein richtiges Schulkind und musst in allen Fächern immer gut aufpassen, auch wenn es dir manchmal schwer fallen sollte. Und Hausaufgaben wird es wohl auch bald geben. *(lehnt sich zurück)* Keine Angst! Dabei kann ich dir helfen, und Lernen macht auch Spaß!

Tochter: Aber auf der Feier …

Mutter: Ach, du denkst an die Feier! Es wird bestimmt ein schönes

Einschulungsfest. Das Schulorchester ist ganz hervorragend, und es sind auch einige Spiele und Sketche für euch Erstklässler geplant, wie ich gehört habe.

Tochter: Ich schaff es aber nicht …

Mutter: *(resolut die Zeitschrift aus der Hand legend)* Natürlich schaffst du es, Claudia! Denk doch nur an deine Schultüte, die du morgen früh bekommst! Alle werden dich darum beneiden, so viel habe ich für dich gekauft! *(sieht um sich)* Wo steckst du denn überhaupt?

Tochter: *(kläglich)* Bei der Schultüte.

Mutter: *(aufspringend und verärgert)* Aber das sollte doch eine Überraschung sein! Die hast du jetzt geschafft!

Tochter: *(schleppt sich mühsam auf die Bühne, eine überdimensionale Schultüte hinter sich herziehend, unglücklich):* Nein, *die* schaffe ich eben morgen nicht!

Der Spätzünder

Sketch

Sketchdauer: ca. 5 Minuten
Personen: Hans-Klaus Wagener, ca. 50, und der Schuldirektor Dr. Reese
Mobiliar: Tisch und zwei Stühle
Kostüme: Wollpullover und lockere, abgetragene Cordhosen für Hans-Klaus Wagener, Anzug und Schlips für Herrn Dr. Reese

Eingangsszene: Die beiden Männer sitzen einander gegenüber am Tisch. Der Schuldirektor hat die Hände auf dem Tisch gefaltet, Hans-Klaus' Arme hängen locker an seinem Körper herab, sein Rücken ist gebeugt, wohingegen Herr Dr. Reese sehr gerade auf seinem Stuhl sitzt. Dr. Reese schaut Hans-Klaus auffordernd an. Hans-Klaus schweigt.

Dr. Reese: In welcher Angelegenheit wollten Sie mich sprechen, Herr Wagener? *(Hans-Klaus schaut schweigend zu Boden)* Geht es um eins Ihrer Kinder, das unsere Schule besucht? *(Hans-Klaus schweigt)* Hat Ihr Sohn oder Ihre Tochter Probleme in unserer Schule? Name? Klasse? *(da Hans-Klaus den Kopf schüttelt, etwas ungeduldig)* Sie müssen mir schon sagen, worum es geht, Herr Wagner!

Hans-Klaus: *(schaut kurz auf)* Sie können mich ruhig Hans-Klaus nennen.

Dr. Reese: *(sich räuspernd)* Nun, ich glaube …

Hans-Klaus: *(jetzt eifriger und ihn ansehend)* Nein, wirklich, nennen Sie mich doch bitte bei meinem Vornamen wie die anderen Kinder auch.

Dr. Reese: *(befremdet)* Nun gut. *(räuspert sich)* Also … Hans-äh-Klaus, was führt Sie, äh …dich … denn zu mir?

Hans-Klaus: *(sich zu ihm beugend)* Es geht um eine Einschulung.

Dr. Reese: Sie wollen also eins Ihrer Kinder bei uns einschulen lassen. Das hätten Sie nun wirklich mit meiner Sekretärin besprechen können. Die Anmeldefristen und -formulare ... *(steht auf)*

Hans-Klaus: *(ihn unterbrechend)* Warten Sie! Ich habe keine Kinder.

Dr. Reese: *(sich erstaunt setzend)* Keine Kinder?

Hans-Klaus: Nein.

Dr. Reese: Ja, wen wollen sie denn dann einschulen lassen?

Hans-Klaus: *(strahlend)* Den Hans-Klaus, der hier vor Ihnen steht! Ich habe in letzter Zeit so viel vergessen, dass ich dachte, ein paar Wiederholungsjährchen würden mich wieder richtig auffrischen. *(Dr. Reese starrt ihn mit offenem Mund an. Hans-Klaus legt ihm beschwichtigend die Hand auf den Arm)* Natürlich bezahle ich Ihnen das extra. *(vertraulich zwinkernd)* Bleibt ja unter uns! Und alle anfallenden Reparaturen mache ich Ihnen auch umsonst. Ich bin nämlich Klempner!

Auf in den Kampf!

Rede der Großmutter/des Onkels

Liebe Eltern, liebe Verwandte und Freunde, lieber Thomas!

Heute feiern wir Thomas' Einschulung, und das bedeutet nicht nur für ihn, sondern auch für seine Eltern den Beginn einer ganz besonders turbulenten Lebensphase.
Aus unserem kleinen Vorschulkind ist plötzlich ein Schulkind geworden, das jetzt nach und nach all die wichtigen Dinge lernen wird, die man als Heranwachsender und später als Erwachsener braucht.

Schule und Lernen

Manchmal macht das Lernen in der Schule viel Spaß und geht ganz leicht, manchmal raufen sich Schüler und Eltern die Haare und stöhnen »Das kapiere ich nie!« oder denken »Warum kapiert er's nicht?« – je nachdem …

Wert der Schulzeit

Immer wird es auch heitere und schöne, interessante und spannende Momente in der bevorstehenden langen Schulzeit für Thomas geben; denken wir nur an neue Freundschaften, die in der Schulzeit geschlossen werden und oft ein halbes oder sogar ein ganzes Leben andauern, und an Schulausflüge, Klassenreisen, Feste, Feiern und andere Schulveranstaltungen.
Und auch wenn das tägliche frühe Aufstehen, die Schularbeiten und das ständige Lernenmüssen manchmal eine harte Probe für Eltern und Kinder sind, so bin ich doch sicher, lieber Thomas, dass deine Schulzeit für dich und deine Eltern eine der schönsten und aufregendsten Zeiten deines Lebens werden wird, auf die du später mit so manchem Schmunzeln zurückblicken kannst.
Auf in den Kampf also! Mit dem heutigen Tag der Einschulung hast du die erste Schlacht doch schon gewonnen!

Verse zur Einschulung

Frohgemut

Melodie: Hänschen klein

Eva Klein
Geht allein
Heute in die Schul hinein.
Rock und Hut
Stehn ihr gut,
Denkt sie frohgemut!

Und die Eltern freu'n sich sehr,
Haben jetzt ein Schulkind mehr!
Sehn verzückt
Leicht bedrückt
Auf ihr Kind zurück.

Schulbeginn

Auf einem grünen Rasen,
Da sonnen sich drei Hasen
Gemütlich vor sich hin.

Genießen träg die Wonne
Und blinzeln in die Sonne –
Durchs Baarthaar streicht der Wind.

Doch unter blauem Himmel
Plötzlich ein laut Getümmel
Sie aus den Träumen reißt!

Für unsre kleinen Häschen
War das kein lust'ges Späßchen!
Der Lärm vom Schulhaus kam …

Erschrocken aus der Kuhle
Hoppeln sie schnell zur Schule:
Was ist denn dort bloß los?

Die Hasenherzen klopfen,
Augen vor Spannung strotzen,
Als sie die Menge sehen:

Inmitten bunter Tüten,
Bemalt mit Blumenblüten
Gefüllt bis obenhin!

Und alle Kinder singen,
Die Menschen schreien und springen,
Und Freude weit und breit.

Da wissen unsere Hasen
Mit ihren feinen Nasen,
Was hier zu feiern ist.

Ein toller Tag wie heute
Für all die kleinen Leute –
Ihr großer Schulbeginn!

Konfirmation/Kommunion

Die feierliche Einsegnung ist ein großes Fest und zugleich der Abschluss vieler Stunden Konfirmations- oder Kommunionsunterricht, in denen den Jungen und Mädchen nicht nur das Licht Gottes näher gebracht wurde, sondern in denen ihnen mitunter auch klar wurde, was es mit der eigenen Helligkeit so auf sich hat …

Kleine Lichter

Sketch

Sketchdauer: ca. 5 Minuten
Personen: Oliver, 14–15 Jahre alt, und seine Mutter
Mobiliar: Tisch und zwei Stühle
Requisiten: zwei Suppenteller und -löffel

Eingangsszene: Oliver und seine Mutter sitzen sich am Esstisch gegenüber und essen Suppe. Oliver wirkt missmutig, hat den Kopf in die linke Hand gestützt und planscht mit seinem Löffel in der Suppe herum.

Mutter: *(ermahnend)* Oliver! Das ist kein Swimmingpool für einen Löffel, sondern dein Mittagessen!

Oliver: *(missgelaunt)* Schon gut! *(löffelt gelangweilt seine Suppe in sich hinein)*

Mutter: Wie war denn der Konfirmandenunterricht heute? Wart ihr wieder so laut und es gab Ärger?

Oliver: *(undeutlich)* War o. k.

Mutter: *(auffordernd)* Worüber habt ihr denn gesprochen?

Oliver: Über das Licht.

Mutter: *(fragend)* Über das Licht? *(Oliver nickt)* Das musst du mir schon ein bisschen genauer erklären! In welchem Zusammenhang ging es denn um Licht? *(legt den Löffel aus der Hand und denkt laut nach)* Habt ihr über das Licht gesprochen, das der Herr durch seinen Sohn in die Welt gebracht hat? *(Oliver schüttelt den Kopf und isst weiter)* Ging es um den Gegensatz von Licht und Schatten im Leben des Menschen und …

Oliver: *(kopfschüttelnd und abwehrend)* Es ging eher um Sprichwörter und so.

Mutter: *(interessiert)* Aha! Ihr habt also über Lebensweisheiten diskutiert!

Oliver: *(skeptisch)* Diskutiert haben wir eigentlich weniger!

Mutter: Was dann?

Oliver: *(genervt den Löffel auf den Tisch legend) Wir* haben gar nichts gesagt! Pfarrer Klaus hat die ganze Zeit von Lichtern gesprochen, und verstanden haben wir eigentlich nichts!

Mutter: Was hat er denn gesagt?

Oliver: Basti nannte das Bibelwort »sein Licht nicht unter den Scheffel stellen«.

Mutter: *(nickend)* Ja, das heißt, dass man sich nicht für zu unbedeutsam halten sollte!

Oliver: *(sarkastisch)* Pfarrer Klaus sah das in Bezug auf uns wohl etwas anders!

Die Mutter schaut ihn erstaunt an.

Oliver *(trotzig erklärend)* Er hat gesagt, wir Konfirmanden seien alle so kleine Lichter, dass sogar Gott Mühe hätte, uns unter den Scheffeln zu finden!

Glaubensbestärkung

In katholischen Gemeinden können Grundaufbau und Grundgedanken beibehalten werden. »Konfirmation« wird dann durch »Kommunion« ersetzt, der religiöse Kontext entsprechend angepasst und das Alter der jungen Hauptperson herabgesetzt.

Rede des Paten/der Patin

Liebe Gäste, lieber Justin,

stellvertretend für alle Mitglieder unserer Kirche und die anderen heutigen Gäste möchte ich zu Beginn unserer heutigen Feier ein paar Worte an unseren Konfirmanden Justin richten.
Bestimmt weißt du bereits durch deinen Konfirmandenunterricht, dass das Wort Konfirmation vom lateinischen *confirmatio* abgeleitet ist und mit *Befestigung, Bestärkung* übersetzt werden kann.
Schon seit dem 16. Jahrhundert feiert man in der evangelischen Kirche damit in feierlicher Form eine gottesdienstliche Handlung um die Getauften unter Handauflegung und Gebet als aktive Mitglieder in die Kirchengemeinde aufzunehmen.
Deine festliche Einsegnung haben wir miteinander vorhin in der Kirche erlebt.

Die junge Hauptperson

Lieber Justin, jetzt bist du offiziell zum Abendmahl zugelassen. In den Augen der Kirche bist du dadurch mit deinen 14 Jahren schon als erwachsen zu bezeichnen, denn du hast jetzt alle Rechten und Pflichten eines Kirchenmitglieds erworben.
Die Konfirmation versteht sich als Bestätigung deines Taufbundes, der ja schon ein Weilchen zurückliegt und an den du dich sicher gar nicht mehr erinnern kannst. Damals warst du noch so klein, dass du höchstens noch eine leise Ahnung von dem geheiligten Wasser hast, mit dem dir der Pfarrer die

Stirn benetzt hat und über das du dich sicher etwas erschrocken hast. Das blieb dir heute erspart! Wenn ich mich hier umschaue und all die Speisen und Getränke sehe, dann denke ich allerdings, dass der heutige Tag für uns alle vielleicht nicht weniger feucht als damals bei deiner Taufe werden wird …
So wollen wir jetzt deinen heutigen Konfirmationstag gebührend feiern!

Verse zur Konfirmation/ Kommunion

sehr frei nach
Eugen Roth

Ein Mensch plant anfangs – rechter Christ –,
Stets so zu handeln, wie er müsst!

Drum dienen will er Gott im Leben,
So lang es Gott ihm hat gegeben.

Doch lang war schon so manches Jahr.
Das Dienen nicht so einfach war!

Drum kommt er zu dem guten Schluss:
Ein rechter Christ auch leben muss!

Volljährigkeit

Endlich erwachsen! Schluss mit den vielen Vorschriften und der elterlichen Bevormundung! Hinein ins pralle Leben! Sicherlich gibt es jetzt etwas mehr Verantwortung, aber dafür auch mehr Freiheit – manchmal allerdings auch für die Eltern ...

Aber nicht mehr lange!

Sketch

Sketchdauer: ca. 12 Minuten
Personen: Anja und ihre Eltern
Mobiliar: Couch, Sessel und kleiner Tisch
Requisiten: Zeitungen, Zeitschriften, Bücher o. Ä.

Eingangsszene: Anjas Eltern sitzen auf der Couch oder in Sesseln und lesen. Anja geht unruhig auf der Bühne auf und ab. Sie sieht verärgert aus.

Anja: Ich darf also nicht bei Bettina übernachten?

Mutter: *(nicht von ihrer Zeitung aufblickend)* Nein, wir hatten vereinbart, dass du nach der Party nach Hause kommst und wir dann am Sonntag gemeinsam zu Tante Juttas Frühstücksbrunch gehen.

Anja: *(maulig)* Ich kann doch auch von Bettina aus zu Tante Jutta kommen.

Mutter: Wenn du bei Bettina übernachtest, tut ihr die ganze Nacht kein Auge zu, und du wirst Tante Juttas Geburtstag hundertprozentig verschlafen!

Anja: Das stimmt ja gar nicht!

Vater: *(hinter seinem Buch aufblickend)* Komm schon, Anja! Ihr habt wirklich genug Zeit, euch zu amüsieren. Schließlich musst du erst um zwei Uhr zu Hause sein!

Anja: *(verächtlich)*: Um zwei Uhr! Die meisten kommen ja erst um elf oder zwölf, und alle können so lange bleiben, wie sie wollen. *(wütend)* Lange mach ich das nicht mehr mit! *(beide Eltern nicken)*

Alle im Chor: *(Anja wütend, die Eltern monoton, wie auswendig gelernt)* Bald bin ich 18, dann entscheide ich selbst, was ich mache!

Anja: *(mit vor der Brust verschränkten Armen)* Was ist denn eigentlich mit der geplanten Reise im Sommer?

Vater: Was ist damit?

Mutter: Ja, was meinst du?

Anja: Ihr wisst schon, was ich meine. Ich wollte mit Bettina und zwei anderen Freunden mit diesem tollen Sparticket für zwei Monate nach Thailand fliegen und …

Mutter: *(sie unterbrechend)* Nun warte erst einmal dein Abitur im Sommer ab!

Anja: *(eindringlich)* Ich muss das Ticket aber jetzt kaufen, sonst ist es nicht mehr so preiswert!

Vater: Es wird sicher noch mehrere Angebote in den nächsten sechs Monaten geben.

Mutter: Zwei Monate Thailand scheinen mir sowieso etwas lang. Wie willst du denn diese Reise finanzieren, wenn du wegen deiner Abiprüfungen gar keine Zeit zum Arbeiten hast?

Vater: Außerdem solltest du dich frühzeitig um einen Studienplatz kümmern.

Anja: *(mit verdrehten Augen)* Alles muss ich rechtfertigen. Lange mach ich das nicht mehr mit! *(Beide Eltern nicken wieder)*

Alle im Chor: Bald bin ich 18, dann entscheide ich selbst, was ich mache!

Anja: *(wütend)* Ihr nehmt mich gar nicht ernst! Wie soll ich denn erwachsen werden, wenn ihr mir immer alles vorschreibt und mir alle Entscheidungen abnehmt? Sobald ich 18 bin, ziehe ich hier sowieso aus!

Vater: *(sein Buch aus der Hand legend):* Das wissen wir doch.

Mutter: Davon sprichst du doch schon seit Monaten.

Anja: *(bockig)* Umso besser! Dann wisst ihr ja Bescheid, dass sich hier bald so einiges ändern wird!

Vater: Natürlich! Wir hören dir doch zu und nehmen das, was du uns sagst, sehr ernst!

Mutter: Für uns zwei ist das Haus natürlich etwas zu groß.

Anja: *(verunsichert)* Was heißt denn das?

Mutter: Nicht nur du ziehst aus!

Anja: *(entsetzt)* Wie bitte?

Vater: *(erklärend)* Nach deinem 18. Geburtstag in vier Monaten wirst du ja wahrscheinlich jedes Wochenende bei Bettina und euren Freunden verbringen und nachts nur noch hin und wieder nach Hause kommen, bis ihr dann zwei Monate nach Thailand fahrt und du dir dann anschließend eine eigene Wohnung suchst.

Mutter: *(ergänzend)* Deshalb haben wir das Haus schon einmal annonciert und eine Eigentumswohnung mit zwei großen Zimmern in Aussicht genommen.

Anja: *(stotternd)* A-b-e-r, wohin soll ich denn dann, wenn ich wieder zurückkomme und nicht gleich …

Mutter: *(freundlich)* Machst du dir Sorgen, dass du nicht gleich eine eigene Wohnung findest?

Vater: Daran haben wir auch schon gedacht, wollten deine selbstständige Planung aber nicht wieder unterlaufen.

Mutter: Deshalb haben wir schon einmal vorsichtshalber Oma gefragt …

Anja: *(entsetzt)* OMA?

Vater: Ja, sie war einverstanden, dass du im Fall der Fälle vorübergehend bei ihr im Gästezimmer wohnen kannst.

Mutter: *(lässig)* Als Gegenleistung kannst du ja für sie einkaufen gehen und ihr einmal die Woche die Haare machen, dann spart sie sich Weg und Kosten! *(Anja bleibt entsetzt vor ihren Eltern stehen, die beide anfangen zu kichern)*

Endlich erwachsen

Rede einer Freundin/eines Freundes

Lieber Sven,
stellvertretend für alle deine Freunde, die heute zu deinem 18. Geburtstag eingeladen sind, habe ich eine kleine Rede für dich vorbereitet.
Keine Sorge, ich werde dich nicht mit rührigen Worten langweilen und von Anfang an das Ende im Auge behalten!

Lange Freundschaft

Wir kennen uns jetzt alle seit vielen Jahren und haben in der vergangenen Zeit so manches zusammen erlebt, diskutiert und ausgestanden. Oft saßen wir zusammen, wenn uns eins unserer Abenteuer mal nicht so geglückt ist, und berieten uns darüber, wie wir kleinere Missgeschicke und größere Katastrophen möglichst schonend unseren Eltern überbringen könnten, denn ganz allein waren wir für vieles ja noch nicht verantwortlich.
Zwar haben wir uns oft darüber geärgert, dass wir nicht frei darüber entscheiden konnten, was wir wann, wie und warum machen wollten, aber irgendwie war es manchmal auch ganz bequem und hilfreich, die eine oder andere Last auf Eltern und andere Erwachsene abwälzen zu können.
Ab heute ist Schluss damit!

Die Aussichten

Du kommst jetzt in den Genuss, vieles selbst entscheiden und regeln zu können bzw. zu müssen, kannst dir die Nächte um die Ohren schlagen, Verträge abschließen und den Führerschein machen – ab heute bist du volljährig!
An kleinere Unannehmlichkeiten wie das eigene Bezahlen von Rechnungen, Autoreparaturen oder Schlimmeres denken wir jetzt lieber noch nicht …
Wir als deine Freunde haben jedenfalls vor, auch in dieser neuen Lebensphase an deiner Seite mit mit dir durch dick und dünn zu gehen!

Verse zum 18. Geburtstag

Uns alle hat ereilt die Kund –
Ein Feuer lief von Mund zu Mund –:
Matthias ist nunmehr kein Spund!

Nachdem zunächst er lernte gucken
Und mit den Arm- und Beinen zucken,
Beim Essen auch mal um sich spucken,
Wird er mit 18 jetzt aufmucken!

Jetzt will er's treiben mächtig bunt!
Wir mit ihm feiern diese Stund
Bei einem Fest, vergnügt und rund.

Schulabschluss

Ein erfolgreicher Schulabschluss ist nicht immer eine Selbstverständlichkeit und manchmal von Nervosität und Unsicherheit begleitet …
Da hilft dann nur noch der Beistand einer höheren Instanz, es sei denn, die Vorfreude auf die Abschlussfeier ist so groß, dass man darüber fast den Abschluss selbst vergisst.

Der Optimist

Sketch

Sketchdauer: ca. 10 Minuten
Personen: Kevin und sein Freund Tom, 16 bzw. 18 Jahre alt
Kostüme: Sportkleidung oder legere Freizeitkleidung, dem Alter entsprechend
Requisiten: Basketballkorb und Basketball

Eingangsszene: An einer (Stell-)Wand ist ein Basketballkorb angebracht. Die beiden Freunde dribbeln abwechselnd den Ball und versuchen, ihn in den Korb zu werfen. Sie probieren dabei diverse Sprünge, Drehungen und andere Kunststückchen aus.

Kevin: *(engagiert)* Ich werde den ganzen Jahrgang einladen. Das wird DIE Party!!!

Tom: Aber …

Kevin: Ich weiß. Es sind so an die 80 Leute, aber jeder soll etwas zu essen mitbringen, und dann brauche ich mich nur noch um die Getränke zu kümmern.

Tom: Aber …

Kevin: *(stirnrunzelnd)* Meinst du, es wäre besser, vorher eine Liste herumzugeben? Dann könnte jeder eintragen, was er mitbringt … *(nickt)* … und ich hätte einen Überblick. Super-Idee! So haben wir dann nicht am Ende 30 Marmorkuchen von Aldi, aber dafür keinen vernünftigen Salat oder Ähnliches.

Tom: Ich dachte eher an …

Kevin: Die Getränkefrage? Habe ich mir genau überlegt! Ich spendiere nur Bier und Softdrinks. Wer Wein, Sekt oder etwas Härteres trinken will, muss es sich schon selbst mitbringen. Das hat Ingo bei seiner Abi-Feier auch so geregelt, und *(lacht)* … du glaubst gar nicht, wie gut das lief! Er hat dadurch nicht nur eine Menge Geld gespart, sondern seinen Eltern auch Ärger, denn es gab viel weniger Schnapsleichen als sonst üblich!

Tom: Aber wir anderen …

Kevin: Ja, ich weiß. Ihr hattet am gleichen Tag eure Abi-Feier geplant, aber schließlich bin ich der Einzige von uns mit einem großen Haus und Garten, und meine Eltern sind an diesem Wochenende auch nicht da. *(triumphierend)* Das könnt ihr doch nicht toppen! *(dribbelnd)* Also feiern wir eben alle bei mir!

Tom: Ich dachte ja nur …

Kevin: *(ungeduldig und den Ball schneller in den Korb werfend)* Was gibt's denn noch einzuwenden?

Tom: *(vorsichtig)* Na, ich dachte ja nur, weil es bei dir noch gar nicht feststeht, sei es vielleicht besser …

Kevin: *(abwinkend)* Ach was!

Tom: *(entrüstet und vorwurfsvoll)* Na, hör mal! Wie kannst du denn deine Abi-Feier schon so groß im Voraus planen, wenn gerade du der einzige von uns allen bist, bei dem noch gar nicht feststeht, ob er überhaupt das Abi bestanden hat?

Kevin: *(überlegen und mit einem Fingerschnipsen)* Über solche Lappalien mache ich mir doch jetzt noch keine Sorgen! *(Tom schaut ihn mit offenem Mund überrascht an und wirft unkonzentriert den Ball in die falsche Richtung)*

Und führe uns nicht in Versuchung …

Sketch

Sketchdauer: ca. 5 Minuten
Person: Ranja, 16 oder 18
Mobiliar: Bett
Requisiten: bezogenes Kopfkissen und Bettdecke

Eingangsszene: Ranja kniet vor ihrem ordentlich gemachten Bett. Die zum Gebet gefalteten Hände liegen auf das Bett gestützt. Sie hat die Augen geschlossen und spricht vor sich hin.

Ranja: …und führe uns nicht in Versuchung, sondern erlöse uns von dem Übel, denn dein ist das Reich und die Kraft und die Herrlichkeit in Ewigkeit. AMEN! – Lieber Gott, ich danke dir dafür, dass ich gesund bin, keinen Hunger leiden muss und es mir gut geht … *(zögert kurz)* … also *relativ* gut geht. *(unsicher)* Also, … versteh mich bitte nicht falsch! Im Vergleich zu vielen anderen Menschen geht es mir natürlich ganz hervorragend, und ich habe eigentlich keinen Grund, mich zu beschweren. Ich weiß deine Fürsorge auch wirklich zu schätzen und bedanke mich dafür bei dir! Nur … *(zögerlich)* … ich meine …, es ist wegen morgen … Also, ich weiß nicht …, aber … solltest du auch für … Kleinigkeiten … zuständig sein, dann … wäre es toll, … *(strafft sich entschlossen und spricht energischer und lauter)* … wenn du es so einrichten könntest, dass ich morgen irgendwie doch noch die Abschlussprüfungen/das Abitur bestehe. *(steht auf)* Ich habe da nämlich wegen meiner schlechten Klausurergebnisse und der vielen Tadel ein ganz ungutes Gefühl!

Sie hat es geschafft – und wir mit ihr!

Rede einer Tante/des Großvaters

Liebe Familie, liebe Freunde und Bekannte und vor allem:
Liebe Tanja!

Wir haben uns hier heute nicht nur versammelt, um uns endlich wieder einmal im Gespräch miteinander auszutauschen, zusammen zu essen und zu trinken, Musik zu hören, zu tanzen und gemeinsam Spaß zu haben, sondern er gibt einen ganz besonderen Anlass für unser Beisammensein: Tanja hat es geschafft!
Zehn (Dreizehn) Jahre Schule liegen nun hinter ihr – und nicht nur hinter ihr!

Das Auf und Ab des Schulalltags

Zehn (Dreizehn) Jahre, in denen sie fast jeden Morgen erst ihre Schulmappe, dann einen Rucksack und schließlich nur noch eine unförmige Tasche in Richtung Schule schleppte – mal vergnügt, guter Dinge und froher Erwartung, mal auch ein bisschen bedrückt angesichts eines bevorstehenden Tests oder einer unliebsamen Klassenarbeit.
Zehn (Dreizehn) Jahre lang Aufpassen und Zuhören, Büffeln und Lernen, viele Erfolge und ein paar kleine Misserfolge – manches ist durch den Kopf geflutscht, vieles aber auch hängen geblieben, um Wurzeln zu schlagen …

Und sonst?
Wertvolle Freunde und ein paar kleine miese Feinde, anerkennendes Nicken in Erinnerung an die wirklich guten Lehrer, bei denen man nicht nur etwas gelernt hat, sondern die auch »Mensch« waren – lachendes Kopfschütteln im Nachhinein über die weniger gelungenen Exemplare …
Klassenfahrten und Pausenklingeln, Ermahnungen und Lob, Hitzefrei und endlose Hausaufgaben, Feten, AGs und noch viel

mehr – Stoff für unzählige kleine Geschichten und Erinnerungen, nicht nur für dich, liebe Tanja, sondern auch für uns alle, die wir das alles jahrelang mit dir teilen konnten!
Jetzt bist du – und wir mit dir! – erst einmal froh und erleichtert, die Schule hinter dich gebracht zu haben, und sagst dir bestimmt: Nie wieder Schule!

Erinnerungen/Rückblick

Doch sicherlich wirst du in den kommenden Jahren und Jahrzehnten noch oft an das eine oder andere Erlebnis aus deiner Schulzeit zurückdenken und es mal mit einem lachenden, mal mit einem tränenden Auge in kleinerer oder größerer Runde zum Besten geben.
Wir alle wünschen dir als Abschluss einer wichtigen und Beginn einer neuen spannenden Phase deines Lebens alles Liebe und Gute und – ganz besonders für heute Abend – eine schöne Feier!

Verse zum Schulabschluss

Lore-Lai

sehr frei nach Heinrich Heine

Ich weiß nicht, was soll es bedeuten,
Dass ich so traurig bin;
Die Schule aus alten Zeiten,
Die kommt mir nicht aus dem Sinn!

Die Luft immer muffig und stinkig,
Einschläfernd redet Herr Grein;
Die Dächer der Häuser, die funkeln
Dort draußen im Sonnenschein.

Die schönste Jungfrau sitzet
Gleich neben mir wunderbar;
Ihr silbernes Handy blitzet,
Sie streicht durch ihr seidenes Haar.

Sie tippt wild mit goldenen Fingern,
Und ich summ ein Liedchen dabei;
Das bringt eine wundersame,
Gewaltige Litanei!

Den Lehrer am kleinen Pulte
Ergreift es mit wütendem Weh;
Er sieht nicht den Kartenständer
Und rempelt sich daran den Zeh!

Ich glaube, die Zeiten der Schule,
Die waren einfach famos;
Und bald wirst du dich schon fragen:
Wo steckt diese Zeit jetzt bloß?

Rede in Strophen an die Lehrerschaft:

frei nach einer Assoziation zu Goethes *Prometheus*

Bedecket diese Tafel, jetzt,
Mit Kreidestaub!
Wir übten lange uns,
Dem Lehrer gleich,
Der Wörter köpft,
An Kurven, Zahl und Wurzelziehn!

Wer half uns wider
Der Peiniger Übermut?
Wer rettete von Tadel uns,
Von Schleimerei?

Hast du nicht alles selbst vollendet,
Heilig glühend Herz?
Und trotztest, forsch und frisch
Ermutigt, geisteswach

Den Wachenden dort vorne?
Wir euch ehren? Doch schon!
Habt unseren Wissensdurst befriedigt
Und viele Tränen in uns gelöst
Durch Verse, Reim und Bilder,
Sodass so mancher Knab- und Mädchen-
Blütentraum konnt reifen …

Hier sitzen wir nun
Und schmieden Pläne für unsre Zukunft,
Zu leben und leiden,
Genießen und uns zu freuen,
Die Schule nicht mehr zu beachten!
Und dennoch –
Die Zeit mit euch
Wird immer gegenwärtig sein!

Führerscheinprüfung

Autofahren ist ein Zeichen von Unabhängigkeit, und es ist zudem praktisch, nicht mehr auf öffentliche Verkehrsmittel angewiesen zu sein! Für einige ist der Führerschein aber deshalb noch lange nicht der Endpunkt ihrer Fahrträume ...

Andere Pläne

Sketch

Sketchdauer: ca. 12-15 Minuten
Personen: Herbert Reichein und seine Frau Laetitia, beide im mittleren Alter
Mobiliar: Couch
Kostüme: unauffällige Alltagskleidung für ihn, extravagantes Kostüm und hohe, extrem unbequeme Stöckelschuhe für sie
Requisiten: Nagelfeile, Nagellackfläschchen, wasserstoffblonde Perücke mit Hoch- oder Lockenfrisur, eleganter Couchüberwurf aus Seide oder glänzendem Stoff

Eingangsszene: Laetitia hat sich halb sitzend, halb liegend in malerischer Pose barfuß auf der Couch drapiert. Sie lackiert sich die Fingernägel. Ihre knallrot geschminkten Lippen sind zu einem Kussmündchen gespitzt, alles an ihr ist Show, und sie wirkt sehr affektiert. Neben der Couch stehen ihre himmelhohen Stöckelschuhe. Ihr Mann schreitet unruhig von einem Ende der Bühne zum anderen. Er hat die Hände auf dem Rücken verschränkt, wirkt nachdenklich und schüttelt immer wieder den Kopf.

Herbert: *(kopfschüttelnd)* Ich versteh sie einfach nicht! *(Laetitia feilt ungerührt an ihren Nägeln weiter, ohne aufzusehen)* Jedes Mädchen in ihrem Alter würde vor Freude über so ein Geschenk Luftsprünge machen! *(da Laetitia ihn ignoriert, lauter in ihre Richtung)* Luftsprünge, habe ich gesagt!

Laetitia: *(mehr zu sich und ohne aufzusehen)* Luftsprünge sind aber gar nicht gut für die Gelenke!

Herbert: *(unwirsch)* Darum geht es doch gar nicht! Ich weiß einfach nicht, was mit Lisetta los ist.

Laetitia: *(mit einem gleichgültigen Achselzucken)* Sie hat eben andere Interessen als den Führerschein.

Herbert: *(schnaufend)* Andere Interessen! Viele Jugendliche müssen sich das Geld für ihren Führerschein hart zusammensparen!!! Wisst ihr eigentlich, wie teuer eine Fahrstunde heutzutage ist?

Laetitia: *(zuckt mit den Schultern)* Nein, aber darum geht es ihr auch gar nicht.

Herbert: *(bleibt vor ihr stehen)* So? Worum geht es ihr dann?

Laetitia: *(sich auf den nächsten Finger konzentrierend)* Sie will eben keinen Führerschein zu ihrem Geburtstag!

Herbert: *(aufgebracht)* Weißt du, was sie gesagt hat, als ich diese Idee angedeutet habe? *(da Laetitia schweigt und nicht aufsieht, nachhakend)* Hm?

Laetitia: *(lahm)* Sie hat gesagt, es sei eine …

Herbert: *(sie heftig unterbrechend und sich auf die Schenkel schlagend)* … eine VERSCHWENDUNG!!

Laetitia: *(schaut ruhig auf ihre schon lackierten Nägel)* Sie dachte doch nur an die große Geldausgabe für dich …

Herbert: *(aufgebracht)* Das lasst mal meine Sorge sein!

Laetitia: *(einlenkend)* Du verstehst doch gar nicht, was sie eigentlich meinte!

Herbert: *(aufhorchend)* Meinst du, sie hat andere Gründe? *(nachdenklich)* Angst?

Laetitia: *(vorsichtig)* Angst vielleicht nicht gerade …

Herbert: *(besorgt)* Vielleicht fühlt sie sich dem Straßenverkehr nicht gewachsen? *(leise)* Sie ist ja immer so schreckhaft. *(Laetitia nickt)* Oder sie macht sich Gedanken über den Umweltschutz? *(leise)* Sie ist ja immer so sensibel. *(da Laetitia nickt, erschrocken)* Vielleicht hat einer ihrer vielen Freunde einen Autounfall gehabt, von dem sie uns noch nichts erzählt hat? *(leise)* Sie ist ja immer so rücksichtsvoll! *(da Laetitia nickt)* Nun sag schon! *(Laetitia verschließt das Nagellackfläschchen in aller Ruhe und pustet sich die Nägel trocken. Ungeduldig)* Warum also empfindet Lisette es als Geldverschwendung, wenn wir ihr zu ihrem 20. Geburtstag den Führerschein bezahlen?

Laetitia: *(geziert)* Sie ist der Meinung, es lohnt sich nicht, denn sie wird in Zukunft ebenfalls einen Chauffeur haben, der sie dann überall hinfahren kann.

Herbert: *(entsetzt)* Wie bitte? Einen Chauffeur??? Von wem hat sie denn diese Idee, und was meint sie überhaupt mit *ebenfalls*?

Sicherheitsvorkehrungen!

Sketch-Rede der Mutter/des Vaters

Lieber Fabian,

wer von uns kann sich nicht mehr daran erinnern, wie du auf deinen sonntäglichen Rennradtouren der Schrecken jedes Frühaufstehers und -spaziergängers warst und so manchen in unserer Nachbarschaft durch dein ausgefeiltes Joggingprogramm, dessen Zielsetzung mit der eines Amokläufers verglichen werden kann, in die Flucht schlugest!

Radfahren und Joggen sind out.

Jahrelang bist du munter durch Einbahnstraßen geradelt und hast schwankend Kisten über Kisten auf deinem rostigen Gepäckträger über Kopfsteinpflaster transportiert, wobei hin und wieder Balance und Frachtgut auf der Strecke geblieben sind …

Wir wollen heute nicht von den kleinen Schrammen an den parkenden Autos auf deinem Schulweg sprechen, denn es war sicher schwierig, sich mit geschlossenen Augen gleichzeitig auf die Musik aus dem Diskman *und* den Radfahrweg zu konzentrieren. Und die Freude am heutigen Tag soll auch nicht durch die Gedanken an die leicht verletzten Krankenhauspatienten getrübt werden, deren Rechnungen wir immer noch abzahlen und die dir versehentlich in ungünstigen Augenblicken vor die Felgen liefen …

Nein, heute wollen wir in guter Stimmung deinen Führerschein feiern und uns alle gemeinsam darüber freuen, dass du von jetzt an sicher und absehbar auf uns zukommen wirst.

Ein ganz besonderes Geschenk

Aus diesem Grunde haben wir alle zusammengelegt und dir ein feuerrotes Cabrio gekauft! Damit wir dich schon von weitem sehen können, haben wir ein paar Sondereinbauten machen lassen … Ich denke da an die besonders hellen Scheinwerfer und die extralaute Stereoanlage … und … an die leicht veränderten PS im Motor …

Verse zur bestandenen Führerscheinprüfung

sehr frei nach dem Volksmund!

Dunkel war's, die Sonn' schien helle,
Regen auf der trocknen Flur,
Als Mathilda schreckensschnelle
Langsam um die Ecke fuhr.

In dem Wagen schrieen Menschen
Schweigend ins Gebet vertieft,
Und vom Kofferraum her riefen
Stumme: Hurtig! Aus dem Weg!

Kleine Knirpse winkten ängstlich
Aus verschlossnen Fenstern froh,
Und der Auspuff, ja, der brannte
Schon seit langem lichterloh!

Die Passanten, die sie kannten,
Wurden blass und feuerrot,
Denn sie ahnten: Jetzt kommt Tildchen –
Und sie warn in großer Not!

Doch Mathildchen föhnt sich locker
Nebenbei ihr dunkles Haar,
Und sie schlürft dabei 'nen Mokka
Und verbrennt sich dabei gar!

Auch noch mit verbranntem Lippchen
Kichert Tildchen ohne Maß:
Hat doch jetzt ihr Führerscheinchen,
Der für sie ist großer Spaß!

Polterabend

Der professionelle Blick einer Wahrsagerin in die Zukunft des zukünftigen Ehepaares gibt ungewollte Einblicke in die Vergangenheit der baldigen besseren Hälfte, was unangenehme Konsequenzen nach sich ziehen kann ...
Und manchmal empfiehlt es sich, seine Nachbarn erst richtig kennen zu lernen, bevor man ihnen seine geheimen Beobachtungen mitteilt!

Blick in die Zukunft

Sketch

Sketchdauer: ca. 15-20 Minuten
Personen: Antonia und Derrik, beide Anfang/Mitte 30, die Wahrsagerin Vanda
Kostüme: Alltagskleidung nach Belieben für Antonia und Derrik und für Vanda Kleidung, die dem Klischee einer Zigeunerin entspricht: langer, weiter Rock, bunte Bluse, Tücher, lange Ohrringe, Armreifen etc.
Maske: dunkles Make-up und dramatische Schminke für Vanda
Mobiliar: auf der Bühne verstreut stehende Tische
Requisiten: Porzellanscherben, leere Sekt-, Wein- und andere Flaschen

Eingangsszene: Derrik steht etwas verloren auf derBühne und schaut auf die Porzellanscherben, die überall zu seinen Füßen liegen. Antonia geht in Richtung Off ab.

Derrik: *(geniert)* Soll ich die Scherben nicht wenigstens ein bisschen zusammenfegen, bevor diese Frau kommt? *(sieht sich um)* Es sieht sowieso schon so unordentlich überall aus!

Antonia: *(unbeschwert)* Vanda weiß doch, dass wir gestern unseren Polterabend gefeiert haben. Wir können nachher noch aufräumen, und lass um Gottes Willen alle Scherben liegen! *(sie ist kurz verschwunden und kommt dann mit Vanda zurück. Die beiden Frauen kommen auf Derrik zu, der Vandas Erscheinung etwas irritiert zur Kenntnis nimmt. Vorstellend)* Das ist mein Verlobter Derrik, das ist Vanda. *(Die beiden nicken einander zu, ohne zu lächeln. Bemüht)* Vanda ist Wahrsagerin. Ich habe sie vor zwei Monaten auf Martinas Polterabend kennen gelernt, wo sie Martina und Jan aus den Scherben ihre Zukunft vorausgesagt hat. *(da Derrik zögerlich nickt, begeistert)* Und stell dir vor! Die Hälfte aller Voraussagen ist schon eingetroffen!

Vanda: *(nickt stolz)*

Derrik: *(unsicher)* Ich weiß ja nicht …

Antonia: *(energisch)* Ich finde es sehr beruhigend zu wissen, was uns beide in der Zukunft erwartet. Wir können uns dann viel besser auf alles vorbereiten! *(Derrik schaut skeptisch)*

Vanda: *(betont)* Meine Erfolgsquote liegt bei 97 %!

Derrik: *(beeindruckt)* Donnerwetter!

Antonia: *(triumphierend)* Siehst du! *(zu Vanda)* Lass uns anfangen. *(Sie deutet auf die Scherben ringsherum, stellt sich neben Derrik und ergreift seine Hand. Vanda bückt sich und hebt eine Scherbe auf, besieht sie von allen Seiten, riecht und leckt an ihr, schließt die Augen, murmelt etwas, fällt dann wie in Trance in sich zusammen, um sich plötzlich mit aufgerissenen Augen wieder ruckartig aufzurichten)*

Vanda: *(laut)* AHA! *(Derrik schrickt zusammen, Antonia schaut voller Spannung Vanda an, deren starrer Blick theatralisch auf die Scherbe gerichtet ist)* Ich sehe in dieser Scherbe, dass ihr sehr lange zusammen bleiben werdet. *(Derrik entspannt sich, und Antonia drückt lächelnd seine Hand. Vanda bückt sich und hebt eine weitere Scherbe vom Boden auf. Sie vollzieht die gleiche Prozedur wie zuvor. Antonia und Derrik schauen zu)* Ihr werdet beide noch im hohen Alter gesund und aktiv sein … *(Antonia nickt Derrik begeistert zu. Vanda wirft die Scherbe schnell zu Boden und hebt eine neue auf)* … und viel Geld haben. *(Auf Derriks Gesicht erscheint ein zaghaftes Lächeln. Vanda schaut die beiden freundlich an und verweilt in dieser Pose einen kleinen Moment)*

Antonia: *(ungeduldig)* Was noch?

Vanda: *(besinnt sich wieder auf ihre Aufgabe und nimmt eine große und eine kleine Scherbe vom Boden auf. Sie sieht dieses Mal nur flüchtig auf die erste Scherbe. Nüchtern)* Und viele Kinder werdet ihr auch haben.

Derrik: *(nickend)* Toll!

Antonia: *(skeptisch)* Wie viele denn? *(Vanda reagiert nicht gleich. Ungeduldig auf die große Scherbe deutend:)* Kannst du die Zahl erkennen?

Vanda: *(etwas beleidigt)* So genau kann ich das nicht sagen, aber es werden schon genug sein. *(Antonia sieht unzufrieden aus, Derrik wirkt etwas peinlich berührt. Seufzend auf die Scherbe schauend und sie zwischen den Fingern hin- und herreibend)* Na gut ... Ich sehe hier ein bis zwei eigene ...

Antonia: *(überrascht)* Ein bis zwei eigene?

Derrik: *(unruhig)* Lass doch, Antonia! *(mit einem etwas krampfhaften Lächeln zu Vanda)* So genau wollen wir das gar nicht wissen. Ein paar Überraschungen sollen schließlich noch bleiben, nicht wahr? *(Vanda nickt, sieht aber unsicher zu Antonia hin)*

Antonia: *(auf die kleine Scherbe in Vandas Hand zeigend)* Was steht denn dort? *(Vanda schaut auf die Scherbe und dann auf Derrik)*

Derrik: *(unruhig)* Die ist so klein! Was soll schon dort stehen!

Antonia: *(wachsam von Vanda zu Derrik sehend, dann zu Vanda)* Lies vor!

Vanda: *(ackselzuckend auf die kleine Scherbe schauend)* Hmm, also ein bis zwei eigene ...

Antonia: *(ungeduldig)* Das hast du schon aus der großen Scherbe gelesen! Was ist neu?

Vanda: *(hastig)* ... Die anderen! ... *(beruhigend)* Die adoptiert ihr aber letztendlich auch!

Antonia: *(überrascht)* Welche anderen?

Vanda: *(die Scherbe fallen lassend)* Die fünf Kinder aus den ersten drei Ehen von Derrik!

Antonia: *(entsetzt)* Aus den ersten drei was????

Derrik: *(entschuldigend zu Antonia)* Ich habe doch gesagt, ein paar Überraschungen ... *(Antonia stürzt sich wutentbrannt auf ihn, sodass er sich mit Händen und Füßen verteidigen muss. Vanda läuft schnell ab)*

Viel Lärm um nichts!

Sketch

Sketchdauer: ca. 10 Minuten
Personen: Herr Bielke und Herr Rutz, beide um die 70 Jahre
Kostüme: Straßenkleidung, Hüte nach Belieben
Requisit: Stockregenschirm

Eingangsszene: Herr Bielke und Herr Rutz kommen von rechts und links der Bühne aufeinander zu. Als sie einander sehen, nicken sie sich zu, ziehen zur Begrüßung ihre Hüte und bleiben stehen.

Herr Bielke: Guten Morgen, Herr Nachbar! Schon so früh auf den Beinen?

Herr Rutz: *(schlecht gelaunt)* Gezwungenermaßen!

Herr Bielke: *(fragend)* Schlafstörungen?

Herr Rutz: *(schnaubend)* Normalerweise nicht, aber bei dem Lärm gestern Nacht schon!

Herr Bielke: Ich habe gar nichts gehört!

Herr Rutz: Das liegt daran, dass Sie Glückspilz zwei Etagen höher wohnen als ich!

Herr Bielke: Meinen Sie…

Herr Rutz: *(nickend)* Ja, das junge Paar aus dem dritten Stock. Es sind zwar junge Leute, und sie sollen ja auch ihren Besuch haben und ihre Musik hören …, aber gestern Nacht ging es wirklich zu weit!

Herr Bielke: Gestern Nacht …

Herr Rutz: Jawohl! *(vertraulich)* Seit ein paar Tagen habe ich schon das Gefühl, dass zwischen den beiden da oben etwas nicht mehr stimmt. So viel Geschrei und dann gestern Abend noch die Umzugsmänner mit ihren Kartons!

Herr Bielke: *(verblüfft)* Umzugsmänner?

Herr Rutz: *(lachend)* Richtige Kraftpakete von Männern, kann ich Ihnen sagen! Viel Gemeinsames haben sich die beiden vorsichtshalber wohl nicht angeschafft, denn die Kisten sahen nicht gerade groß aus! Einer hatte sogar ein paar Trostblumen dabei!

Herr Bielke: *(verzweifelt)* Aber …

Herr Rutz: Mir soll's egal sein! Die jungen Leute legen sich ja nicht mehr so fest wie früher, und überhaupt wird heute jede zweite Ehe wieder geschieden … *(nachdenklich zu sich selbst)* … oder war es jede dritte?

Herr Bielke: Ich kenne die beiden …

Herr Rutz: *(unterbrechend)* Ich kenne sie doch auch nicht und will ja auch gar nichts Schlechtes sagen. Besser, sie trennen sich jetzt, wo sie noch keine gemeinsamen Anschaffungen, geschweige denn Kinder haben, als später, wenn alles komplizierter ist! *(vertraulich)* Der junge Mann macht auf mich sowieso eher den Eindruck, als ob er mit der Kleinen gar nicht richtig zurechtkommt. Sie wirkt immer so sprunghaft und leicht hysterisch!

Herr Bielke: *(empört)* Aber ich …

Herr Rutz: *(mit einer abwehrenden Handbewegung und sich den Hut wieder aufsetzend)* Ist ja nur ein Eindruck, ich kann mich auch irren! Jedenfalls bin ich froh, dass dort oben nach dem Umzug endlich wieder Ruhe einkehren wird und ich dann wieder schlafen kann! *(nickt seinem Nachbarn zu und geht langsam ab)*

Herr Bielke: *(laut hinter ihm herrufend)* Schlafen können Sie ab heute sicherlich wieder, aber ausgezogen ist dort oben keiner!

Herr Rutz: *(bleibt abrupt stehen und dreht sich zu Herrn Bielke um)* Woher wissen Sie das?

Herr Bielke: *(sarkastisch)* Ich weiß das, weil die sprunghafte kleine Hysterikerin meine Nichte ist und wir gestern Abend ihren Polterabend gefeiert haben! *(Herr Rutz starrt ihn mit offenem Mund an. Ironisch)* Und die Männer mit den Kisten waren nicht von der Umzugsfirma, sondern Freunde ihres langjährigen Verlobten. *(da Herr Rutz betreten schweigt, grinsend)* Die meisten Umzugsfirmen bieten übrigens weder den Service, ihre

Mirarbeiter in dunkle Anzüge zu stecken, noch statten sie diese bei ihren Aufträgen mit Geschenken und Blumen aus! *(Er zieht höflich zum Abschiedsgruß seinen Hut, geht in die entgegengesetzte Richtung ab und lässt seinen zurückbleibenden Nachbarn sprachlos stehen)*

Verse zur Verlobung

sehr frei nach
Johann Wolfgang
von Goethe

Es schlug sein Herz –
Geschwind zu Hilda!
Und fort mit euch:
Auf in die Schlacht!
Der Abend geht fast schon zur Neige
Und vor den Fenstern steht die Nacht.

Sie sah ihn an, und große Freude
Floss aus dem klaren Aug herab
Und traf sein Herz an wunder Stelle
Mit einem Schlag, da war's vollbracht!

Für immer jetzt ein Herz – ein Seelchen,
Und jeder Atemzug synchron.

Und wenn's mal schmerzt,
Dann denkt an heute –
Gemeinsamkeit ist schönster Lohn!

Die Störenfriede

Sketch

Sketchdauer: 5-7 Minuten

Personen: Das Brautpaar Sarah und Holger, vier Hochzeitsgäste im Alter des Brautpaars, eine Freundin der Braut, ein seltsames Paar um die 50

Mobiliar: Büfett im Hintergrund, evtl. kleine Tische, Kübelpflanzen

Kostüme: modische Eleganz für Brautpaar und Gäste, auffallend geschmacklose, grellfarbige Kleidung für das seltsame Paar

Requisiten: Sektgläser, Teller mit Häppchen

Eingangsszene: Hochzeitsgäste und Freundin flanieren beim Gartenempfang mit Häppchen und Gläsern umher, lachen und unterhalten sich gedämpft. Sarah kommt nervös dazu.

Sarah: *(mit leicht amerikanischem Akzent zur Freundin)* Wo sie nur bleiben? Die Auskunft vom Flughafen sagte doch, dass der Flug aus Miami pünktlich gelandet ist! Ich bin ja allerhand gewöhnt von meinen Eltern, aber dass sie sogar zu meinem Polterabend zu spät kommen! Dabei waren *sie* es, die Holger unbedingt noch *vor* der Hochzeit kennen lernen wollten!

Freundin: Vielleicht haben sie den Anschlussflug verpasst oder nicht gleich ein Taxi bekommen. Jetzt beruhige dich erst einmal. Hier draußen läuft doch alles so weit gut, lass uns mal sehen, ob die Musiker schon da sind. *(beide ab. Im Hintergrund geht das seltsame Paar heftig gestikulierend zum Büfett und bedient sich)*

1. Hochzeitsgast: Nun schau dir doch die beiden an! Mehr geht ja wohl nicht mehr auf den Teller!

2. Hochzeitsgast: Ist ja widerlich, wie die sich vollstopfen! Als hätten sie seit Jahren nichts gegessen!

3. Hochzeitsgast: Dabei sehen sie nicht gerade unterernährt aus. *(kichert)*

4. Hochzeitsgast: Wer die wohl eingeladen hat?

2. Hochzeitsgast: Also, von Holger kommen die bestimmt nicht!

3. Hochzeitsgast: Man achte auf die Farbkombination seines Outfits! Eine echte Zumutung für die Sinne! *(hält sich in gespieltem Entsetzen die Hand vor die Augen)*

Holger: *(gesellt sich zu der Gruppe und trinkt einen Schluck Sekt aus seinem Glas)* Habt ihr die beiden dort gesehen?

1. Hochzeitsgast: Die sind ja wohl nicht zu übersehen! Wo hast du die beiden denn aufgegabelt?

4. Hochzeitsgast: Deine interessantesten Freunde enthältst du uns immer vor!

Holger: Sehr witzig! Wenn die sich weiter so benehmen, fliegen sie in zwei Minuten raus. *(Das auffällige Paar ist jetzt sichtlich angetrunken. Er führt kleine Tanzschrittchen vor und zieht dann sein buntes Hemd im Hawaiistil aus, hält es an den Ärmeln und schwenkt es mal zur rechten, mal zur linken Seite. Dabei brüllt er »Olé!« Sie kreischt vor Vernügen, kickt ihre Schuhe von den Füßen, rafft ihren Rock hoch und rennt leicht taumelnd durch das Hemd. Dabei hält sie ihre beiden Zeigefinger wie zwei Hörner an ihren Kopf und muht)*

2. Hochzeitsgast: *(halb belustigt, halb peinlich berührt zu Holger)* Ich glaube, die haben sich hier verirrt – obwohl sie sich ja wirklich wohl fühlen und sich aufs beste amüsieren auf deinem Polterabend!

Holger: *(immer wütender)* Das ist doch nicht zu fassen! Diese Spinner haben wahrscheinlich von der Straße aus gesehen, dass hier etwas gefeiert wird, und dachten, sie könnten sich mal eben so mir nichts, dir nichts unter die Gäste mischen und sich auf meine Kosten ...

3. Hochzeitsgast: Warte, da kommt Sarah! Lass sie sich darum kümmern. Sie ist diplomatischer.

2. Hochzeitsgast: Ja, lass Sarah mal machen! Sie hat ein gutes Händchen für solche Situationen und kriegt die Angelegenheit so in den Griff, dass nicht erst ein großes Theater entsteht.

1. Hochzeitsgast: Stimmt, gerade heute sollte es keinen Ärger geben! *(Sarah geht*

auf das Paar zu und redet leise und eindringlich auf die beiden ein. Immer wieder schaut sie besorgt zu der Gruppe, in der Holger steht. Das Paar bemüht sich um Haltung, bringt seine Kleidung in Ordnung, dann gehen sie zu dritt auf Holger zu)

4. Hochzeitsgast: Wie Sarah es immer schafft, in solchen Situationen die Ruhe zu bewahren – wirklich bewundernswert! *(alle außer Holger nicken und murmeln Zustimmung)*

Holger: *(sarkastisch)* Trotzdem braucht sie wohl meine Unterstützung, allein wird wohl auch sie mit den beiden nicht fertig! *(strafft mit finsterer Miene seine Schultern, um den unliebsamen Störenfrieden entschlossen entgegenzutreten)*

Sarah: Liebling, ich möchte dir meine Eltern vorstellen. Mutter, Vater – das ist Holger. *(Holger lässt sein Glas klirrend zu Boden fallen und schaut ungläubig von Sarah zu ihren Eltern. Die Hochzeitsgäste kichern leise hinter vorgehaltenen Händen)*

Hochzeit

Hochzeitsmoden ändern sich, aber auch die anpassungsfähigsten Bräute haben ihre Grenze des Er-Tragbaren …

Die Braut trug grau

Sketch

Sketchdauer: ca. 5 Minuten
Person: Paulina
Mobiliar: Sofa oder bequemer Sessel, Couchtisch
Kostüm: Jogginganzug
Requisiten: Buch, Eisbecher mit Löffel
Ton: Männerstimme aus dem Off

Eingangsszene: Paulina sitzt gemütlich auf dem Sofa und blättert in den Seiten ihres Buches, das sie hin und wieder auf den Tisch vor sich legt, um einen Löffel Eis zu essen und genießerisch mit den Augen zu rollen.

Paulina: Ich liebe dieses Hochzeitsbuch! Diese verschiedenen Kostümbräuche aus aller Welt! *(Sie blättert weiter durch die Seiten. Nachdenklich)* Vielleicht fände Michael es ja aufregender, wenn ich morgen ein rotes Hochzeitskleid tragen würde ... wie die Chinesinnen. Andererseits heiratet man bei uns eben traditionellerweise in Weiß, und Michael ist ja eher etwas konservativ! *(Sie blättert weiter. Auf eine Seite zeigend)* Das sieht ja auch wunderschön aus. *(blättert weiter und weiter)* Und das, und das ... und das hier hat sicherlich ein Vermögen gekostet mit all den Goldapplikationen! *(Seufzend legt sie das Buch auf den Tisch)* So viele Ideen für das schönste Kleid am schönsten Tag im Leben! *(seufzend)* Aber mein Michael ist eher von der praktischen und sparsamen Sorte! Da bleibe ich eben bei dem weißen Kleid, das schon seine Mutter und Schwester auf ihren Hochzeiten trugen *(tapfer)*, zumal es ja elegant *und* pflegeleicht ist! *(nickt mit einem sehnsüchtigen Blick auf das Buch. Trotzig)* Welches rotseidene Hochzeitskleid kann man auch schon bei 30 Grad in der Waschmaschine waschen, ohne dass es sofort ruiniert ist? Alles hat eben seine Vor- und Nachteile! *(steht auf, streckt sich, nimmt den nun leeren Eisbecher in die Hand und geht langsam über die Bühne. Laut)* Michael! Könntest du mal nachsehen, ob die Wäsche schon ferig ist?

Michael: *(aus dem Off)* Das ist nicht möglich, Kochwäsche dauert in unserer Maschine immer eine gute Stunde …

Paulina: *(bleibt ruckartig stehen)* Kochwäsche?

Michael: *(ruhig aus dem Off)* Ich habe neben den gräulichen Fummel, der in der Maschine lag, noch ein paar schmutzige Geschirr- und Handtücher gestopft und alles auf 90 Grad geschaltet, damit morgen alles besonders sauber ist. Warum fragst du?

Hochzeit mit kleinen Hindernissen

Sketch

Sketchdauer: 8-10 Minuten
Personen: Das Brautpaar Maria und Peter, Marias Schwester Doro, Marias Mutter, Peters ehemalige Freundin Sabrina und ihr Kind, ca. 5 Jahre alt
Mobiliar: Zimmer des Brautpaars mit Schrank, Schreibtisch, Bücherregal
Requisiten: Zeitschriften, Telefon, Hochzeitskleid in Reinigungshülle, Papierflugzeuge

Eingangsszene: Maria, Peter, die Mutter und Doro suchen hektisch in allen Ecken, ohne dass klar wird, warum wer was tut. Maria läuft hin und her, Peter wirft Bücher aus dem Regal, Doro blättert aufgeregt in Zeitschriften, die Mutter sortiert in einer Ecke.

Maria: Ich verstehe das einfach nicht! In zwei Tagen heiraten wir, und bis heute hat keiner auf die Einladungen geantwortet! Zusagen und sonstige Rückmeldungen haben wir nur von denjenigen bekommen, mit denen wir auch darüber gesprochen haben, aber die anderen ... *(schüttelt den Kopf. Es klingelt)* Doro, machst du bitte mal auf? Das muss jemand von der Reinigung sein, der mein Kleid bringt. Wenigstens das hat noch geklappt! *(Doro geht und kommt betroffen mit dem Kleid zurück, das sie Maria wortlos reicht)* Was guckst du denn so? NEIN! Das kann ja wohl nicht wahr sein! Was ist das für ein Fleck??? Und dann noch genau vorne auf der Brust? *(fällt zurück auf einen Stuhl und fächelt sich mit der flachen Hand Luft zu)*

Doro: Ich habe es ihm ja auch gleich gesagt, aber die Reinigung besteht darauf, dass das Kleid schon mit Fleck von der Änderungsschneiderei kam. Bitte, Maria! Wir bringen das wieder in Ordnung. Vielleicht kann man eine Rose auf den Fleck ...

Maria: Bist du wahnsinnig geworden? Das Kleid hat über tausend Euro gekostet, und du willst eine Rose auf die Brust nähen? Wo kriege ich jetzt ein neues Hochzeitskleid her? *(Doro zuckt mit den Schultern. Es klingelt wieder. Peter geht hinaus und betritt das Zimmer mit Sabine und ihrem Kind. Er wirkt peinlich berührt)* Was ist denn jetzt schon wieder los? Wer ist das, Peter?

Peter: *(räuspert sich)* Hm, Maria, das ist meine ehemalige Freundin … äh … Sabine … ähem, der Zeitpunkt ist etwas ungünstig, aber ihr Freund hat sie aus der Wohnung geschmissen, und jetzt weiß sie nicht, wohin, ähem …

Sabine: *(weinend)* Es tut mir so Leid, und ich wusste ja nicht, dass ihr übermorgen heiratet, und so …, aber wo soll ich denn hin …, mir ist nur Peter eingefallen … *(schaut herzerweichend zu Peter)*

Maria: Was für ein Timing! *(zu Peter)* Dann muss sie wohl hier bleiben, nicht wahr? Und warum sieht dir die Kleine dort *(deutet auf das quirlige Mädchen an Sabines Hand)* eigentlich so ähnlich? Ich dachte, du und Sabine hättet euch vor zehn Jahren zum letzten Mal gesehen? *(Peter stammelt etwas und sieht auf den Boden. Das Kind reißt sich los und saust aus dem Zimmer, Peter, Sabine und Doro gehen hinterher. Das Telefon klingelt, Marias Mutter hebt ab)*

Mutter: *(bringt Maria das Telefon)* Kind, da ist jemand von der Konditorei Wagenbrecht am Telefon. Es geht um die Aufschrift auf eurer Hochzeitstorte. Ich konnte den Mann nicht genau verstehen, er war ganz aufgeregt.

Maria: *(reißt den Hörer an sich)* WIE BITTE? NEIN! *(aufgebracht)* Ich habe Ihnen doch aber mehrere Male unseren Nachnamen buchstabiert: G-r-ä-u-l-e-r mit äu und nicht mit eu!! Ja, »Für das glückliche Brautpaar« sollte es heißen! WAS SAGEN SIE? *(setzt sich mit großer Mühe auf einen Stuhl und schließt die Augen. Mit vor Wut fast überschnappender Stimme)* Ein kleiner Scherz von einem Ihrer Azubis? Ein schlechter Scherz!!!

Mutter: *(flüsternd)* Auch das noch! Vielleicht können wir die Aufschrift ja noch selbst ändern?

Maria: *(bissig)* Das glaube ich kaum! Die Aufschrift lautet nämlich: »Der Herr hat's gegeben, der Herr hat's genommen.« *(knallt den Hörer auf. Man hört einen Schrei aus der Richtung, in die Peter, Sabine und das Kind abgegangen sind)*

Doro: *(rennt herein, zieht das kleine Mädchen mit sich und hält in der anderen Hand eine stattliche Zahl von selbst gebastelten Papierflugzeugen)* Schaut nur, was dieses kleine Ungeheuer mit den Einladungen gemacht hat!

Mutter, Maria: *(entsetzt)* Einladungen???

Peter: *(kommt dazu)* Ich hätte schwören können, dass ich sie schon vor Wochen in den Briefkasten geworfen habe. Ehrlich!

Maria: *(ringt um Fassung)* Alle raus! Bitte! Ich muss ein wichtiges Telefongespräch führen. *(nach einem Moment plötzlicher Stille verlassen alle außer ihr den Raum. Sie nimmt das Telefon und wählt, mit brüchiger Stimme)* Ja, Gräuler am Apparat. Was haben Sie noch an Last-Minute-Angeboten für diesen Sonntag? Nein, es ist mir völlig egal, wohin! Zwei Personen für übermorgen. Las Vegas? Sehr gut! Hochzeitspaket zum Spartarif? Brautkleid und Hochzeitstorte inklusive? Genau danach habe ich gesucht! Buchen Sie! Sofort!

Durch dick und dünn

Liebes Brautpaar, liebe Gäste!

Rede einer Freundin/eines Freundes

Gemeinsame Feste mit der Familie und lieben Freunden gehören zu den schönen Dinge im Leben – und Feieranlässe gibt es viele im Jahr! Manche von ihnen wiederholen sich alljährlich wie Geburtstage, Jubiläen oder das Weihnachtsfest.

Das besondere Fest

Eine Hochzeit aber ist etwas ganz Besonderes, Einzigartiges und Neues für das Brautpaar.
Im Allgemeinen feiert man mehr Geburtstage als eigene Hochzeiten! – und auch wenn es für den einen oder anderen Ehepartner einmal nicht die erste Hochzeit sein sollte, so ist doch dieser Tag immer ein neuer Beginn und bedeutet eine frische Hoffnung beider auf eine möglichst lange gemeinsame Lebenszeit.

Die Vorfreude des Paares

Mit dem heutigen Tag beginnt eine neue Phase für euch, die Ehe – ein Bund, auf den ihr euch ganz bewusst und übereinstimmend eingelassen habt.
Die bereits zusammen verbrachten guten Zeiten deuten schon auf all die harmonischen und glücklichen Momente hin, die euch noch bevorstehen.
Und die kleinen Misstöne, die vielleicht schon einmal zwischen euch aufgetreten sind, haben euer Durchhaltevermögen für die eine oder andere mögliche Durststrecke auf dem gemeinsamen Lebensweg nur gestärkt.
Stellvertretend für alle heute hier Anwesenden wünsche ich euch beiden für eure gemeinsame Zukunft ein stets wachsendes Interesse aneinander, Toleranz, gegenseitiges Verständnis und viel Stärke und Glück dabei, euch selbst allein und als Paar in eurer Ehe zu finden und weiterzuentwickeln!

Verse zur Hochzeit

sehr frei nach
Heinrich Heine

Ein Fräulein stand am Herde
Und stöhnte lang und bang,
Es grämte sie so sehre:
Der Braten im Ofen stank!

Mein Fräulein, sei wieder munter!
Das war ein altes Stück;
Ruf Elmar und esst bei Weyer's
Und freut euch an eurem Glück!

(Ruf Elmar und lauft zu Weyer's
Und esst dort auf euer Glück!)

Hochzeitsjubiläen

Der Bräutigam trägt Schottenrock statt Smoking, und die geliebte Tochter erscheint nicht im wallenden Brautkleid, sondern im maßgeschneiderten Anzug? Für manche (Schwieger-)Mutter ist diese Vorstellung schockierender als die Idee einer Hochzeit auf dem tiefsten Meeresgrunde!

Dir zuliebe

Sketch

Sketchdauer: ca. 5 Minuten
Personen: Ted und seine Frau Margret, beide im mittleren Alter
Mobiliar: Tisch und Stuhl
Kostüme: Alltagskleidung
Requisiten: schnurloses Telefon, Briefkarten und –umschläge, Stift

Eingangsszene: Margret sitzt am Tisch und schreibt Einladungskarten. Ted telefoniert und läuft dabei von einem Ende der Bühne zum anderen.

Ted: *(in den Hörer)* Mutter, ich weiß gar nicht, warum du dich so darüber aufregst! *(zu Margret gewandt)* Deine Mutter kann sich gar nicht beruhigen! *(da Margret nur die Schultern zuckt, in den Hörer)* Unsere richtige Hochzeit war doch ganz traditionell in deinem Sinne: Ich im schwarzen Smoking und Grit im weißen Brautkleid. Sogar einen Tüllschleier hat sie getragen – alles dir zuliebe übrigens! *(lauscht)* Natürlich hat mir das auch gefallen, und sie sah ganz wunderschön aus, aber dieses Mal wollte sie eben etwas anderes! *(lauscht wieder in den Hörer)* Wie? *(ärgerlich)* Was hat denn das mit »burschikos« und »Frauen in Männerkleidern« zu tun? So ein Blödsinn! *(Margret schüttelt den Kopf und verdreht die Augen. In den Hörer)* Aber Sybille, können wir denn jetzt zur Abwechslung über etwas anderes als den schwarzen Anzug deiner Tochter für unser Jubiläum reden … *(hält schnell den Hörer vom Ohr weg)* Wie? Habe ich nicht erwähnt? Ja, schwarz, weil … Wie auf einer Beerdigung? Jetzt übertreibst du aber! Schwarz ist elegant und klassisch und … *(zu Margret)* Jetzt ist es ganz aus!

Margret: *(steht auf und nimmt ihm den Hörer aus der Hand. Ted setzt sich an den Tisch und schreibt die Karten weiter. Ruhig in den*

Hörer) Mutter, jetzt beruhige dich doch bitte! Unser Hochzeitsjubiläum ist doch vor allem für Teds schottische Verwandten, die an unserer Hochzeit damals nicht teilnehmen konnten, denen wir seit Jahren versprochen haben, die Feier nachzuholen und die jetzt alle extra nach Hamburg kommen, um ... *(irritiert)* Humorlos und geizig? *(lacht)* Jetzt bringst du kulturell aber einiges durcheinander! Teds Verwandte sind sogar ausgesprochen witzig und humorvoll! Deshalb haben wir uns ja diesen kleinen Scherz ausgedacht!

Ted: *(laut)* Sie meint meinen Schottenrock, den ich zu diesem Anlass tragen werde.

Margret: *(heftig in seine Richtung abwinkend und in den Hörer)* Mutter? Mutter?? Bist du noch am Apparat? *(Pause)*

Ted: *(steht auf und nimmt Margret energisch den Hörer aus der Hand. In den Hörer)* Wir werden uns auf unserem Jubiläum so kleiden, wie wir es schon damals vorgehabt haben: Gritti im schwarzen Seidenanzug und ich im Schottenrock, der übrigens nur dir zuliebe nicht kariert ist, sondern – farblich passend – eine strahlend weiße Sonderanfertigung!

Nahaufnahme

Rede einer Freundin/eines Freundes

Liebes Brautpaar, liebe Gäste!

Bitte fügen Sie die passende Zahl ein.

Unser Jubiläumspaar feiert heute seinen 25. Hochzeitstag! Dabei ist nicht nur die Zahl der Ehejahre ein Grund zum Feiern, sondern auch die beiden Jubilare und ihre langjährige Gemeinschaft sind etwas ganz Besonderes.
Aus diesem Anlass möchte ich eine kleine Geschichte erzählen:

Das Vorbild

Gestern Nachmittag war ich in einer Arztpraxis, in der viel Betrieb herrschte und ich länger als angenommen warten musste, sodass mir schon bald der Lesestoff ausging.
Also schaute ich mich in der Runde der Patienten um, und mein Blick blieb an einem alten Mann hängen, der mit großer Mühe hinter den dicken Gläsern seiner Brille versuchte, die Wörter eines Zeitungsartikels zu entziffern. Er hatte die Ellenbogen auf die Knie gestützt und wackelte ein bisschen mit dem Kopf, was aussah, als nickte er zustimmend. Neben sich hatte er einen Baumwollbeutel abgestellt, aus dem ein Teil seiner Einkäufe hervorschien: ein Blumenkohl, ein Beutel Orangen und zwei Tafeln Schokolade.
Ich dachte an das Leben dieses alten Mannes, der allein auf sich gestellt lebte, mit seinen schwindenden Kräften versuchte, sein Leben in Ordnung zu halten, tapfer seine bescheidenen Einkäufe für den täglichen Gebrauch tätigte und immer noch ohne die Hilfe Fremder zum Arzt gehen konnte. Die ungewohnte Zeitungslektüre stellte für ihn gewiss eine Abwechslung von der Monotonie seiner wenig abwechslungsreichen Tage dar.
Kurze Zeit später wurde ich aufgerufen und erkundigte mich bei der Arzthelferin nach diesem Patienten. Und sie erzählte mir mit einem strahlenden Lächeln, dass das kein Patient, son-

dern Herrn Jänk sei, der dem Doktor in der Mittagspause persönlich eine Einladung für seine geplante Ausstellungseröffnung in der nächsten Woche überreichen wolle. Er und seine Frau arbeiteten seit 50 Jahren als Fotografen zusammen und seien ständig unterwegs – früher auf langen Reisen rund um den Globus, jetzt mehr in der Nachbarschaft. 50 Jahre verheiratet, immer noch beneidenswert gesund, aktiv und voller Ideen – davon könne sich so manch einer schon in unserem Alter eine Scheibe abschneiden!
Ich habe bei diesen letzten Worten sofort an unser heutiges Jubiläumspaar denken müssen!

Wünsche für die Zukunft

Und so ist meiner Geschichte nur noch eins hinzuzufügen:
Ich hoffe, dass ihr beide – ähnlich wie das alte Fotografen-Ehepaar – euer Leben stets in Harmonie, Gesundheit, Glück und Lebensfreude miteinander verbringen werdet und wir alle weiterhin daran Anteil nehmen können!

Verse zum Hochzeitsjubiläum

Der Blick zurück
Auf so viel Glück
An einem Stück!

So lang zu zweit
Und nie bereut,
Zu keiner Zeit!

Er braucht sie stets,
Und sie versteht's,
Bei ihr ist er ganz zahm.

Sie denkt daran,
Und er stimmt an
Ein kleines Lied – ganz warm.

Runder Geburtstag im mittleren Alter

Komplimente zu diesem Anlass sind eine wunderbare Sache und erfreuen Sender und Empfänger gleichermaßen, wobei zur Feier des Tages ruhig einmal ein bisschen dicker als sonst aufgetragen werden darf. Manchmal können diese kleinen, gut gemeinten Schmeicheleien allerdings auch fatale Nebenwirkungen haben …

Gut gehalten!

Sketch

Sketchdauer: ca. 5-10 Minuten
Personen: eine burschikose Bäckereiverkäuferin und Frau Mannsfeld, eine sportliche Frau Anfang 30
Mobiliar: Tisch, der als Ladentheke dient
Kostüme: Schürze oder Kittel mit Taschen für die Verkäuferin, betont sportlich-elegante Kleidung für Frau Mannsfeld
Requisiten: drei in Papier gewickelte lange Baguettes, andere Backwaren nach Belieben, eine Bestellliste

Eingangsszene: In der Mitte der Bühne steht die Ladentheke der Bäckerei. Auf ihr liegen in Papier gewickelte Baguettebrote und andere Backwaren nach Belieben.

Frau Mannsfeld: Guten Tag! Ich möchte gern die drei von meinem Mann vorgestern bestellten Baguettes auf den Namen Mannsfeld abholen.

Verkäuferin: *(freundlich ihre Bestellliste aus der Tasche ziehend)* Gern. *(geht mit den Augen die Namen auf der Liste durch)* Maler, Mädler, … Mannsfield! Da haben wir ja Ihre Bestellung! *(freundlich zugewandt)* Für die Feier zum 50. Geburtstag, nicht wahr?

Frau Mannsfield: *(abwinkend)* Ich nehme diese Zahlen ja nicht so wichtig, aber mein Mann wollte den 50. ganz groß feiern.

Verkäuferin: *(einschmeichelnd)* Na, wenn man sich so gut gehalten hat, dann ist das aber auch ein Grund, groß zu feiern!

rau Mannsfeld: *(nickend)* Ja, gut gehalten …

Verkäuferin: *(eifrig)* Nein, wirklich! Auf 50 hätte ich nie getippt! *(sich verschwörerisch zu ihr beugend)* Trotz jugendlicher Kleidung und perfektem Make-up!

Frau Mannsfield: *(überrascht)* Perfektes Make-up?

Verkäuferin: *(verständnisvoll lachend)* Bräunungsstudio, kosmetische oder chirurgische Schönheitskorrekturen, was weiß ich! Ich sage immer: Jeder ist so jung, wie er sich macht, äh, … ich meine fühlt!

Frau Mannsfield: *(irritiert)* Bräunungsstudio, Schönheitskorrekturen???

Verkäuferin: *(etwas nervös)* Ich will doch nur sagen, dass ich niemals auf 50 Jahre gekommen wäre. Toll gehalten, ganz toll! Sie sehen mindestens 10 Jahre jünger aus?

Frau Mannsfield: *(empört)* ICH sehe aus wie 40?

Verkäuferin: *(fragend und abschätzend)* Naja, oder vielleicht eher wie 38?! *(nimmt ablenkend die drei Baguettes vom Tisch und überreicht sie der Kundin)*

Frau Mannsfeld: *(reißt ihr wütend die Brote aus der Hand)* So eine Frechheit! Ich bin erst 32, und die Brote sind für den 50. Geburtstag meines Mannes!!!

Halbzeit

Rede eines Jugendfreundes/ einer Schwester

Lieber Hans,

zu deinem heutigen 50. Geburtstag möchten wir dir alle ganz herzlich gratulieren!
Mit deinen 50 Jahren strahlst du die Heiterkeit eines Kindes, den Tatendrang und die Energie eines Jugendlichen und die Erfahrungen und Gelassenheit eines reifen Erwachsenen zugleich aus!

Das vielseitige Geburtstagskind

Du bist in den besten Jahren, kannst auf viele Erlebnisse und Erfahrungen mit Abstand zurückblicken und sie dadurch besser bewerten. Zugleich stehst du mitten in deinem Leben und lebst es aktiv und bewusst in regem Austausch mit deiner Familie, Freunden und der dich umgebenden Umwelt.

Die Zahl 50

Und nicht nur du selbst, sondern auch dein aus den Zahlen 5 und 0 zusammengesetztes heutiges Alter hat eine ganz besondere Bedeutung:
Die astrologische Entsprechung der Zahl 5 ist der Planet Jupiter; im menschlichen Leben spielt sich überhaupt viel Wichtiges über die Fünf ab: Wir haben fünf Finger an einer Hand und fünf Zehen pro Fuß, mit fünf Sinnesorganen erfassen wir die Welt, und auch Buddha hat fünf Gebote ernannt.
Die 0 steht demgegenüber für den Urknall, den Anfang, das Nichts.
Die 50 soll dir also einerseits das Wichtige, Bestehende in deinem Leben bedeuten, andererseits zeigen, dass auch jetzt immer wieder die Möglichkeit besteht, neu anzufangen, neue Lebensphasen zu planen und die Weichen für das nächste halbe Jahrhundert deines Lebens zu überprüfen oder neu einzustellen.
In diesem Sinne wünschen wir dir alles Gute und weiterhin viel Gesundheit, Kraft, Glück und Erfolg für alle kommenden Dekaden!

Verse zum runden Geburtstag im mittleren Alter

In Hochform

Ja, ist es wirklich wahr:
Hans ist schon 50 Jahr?

Schlank wie ein Aal,
Kein bisschen kahl,
Und auch die Haut nicht fahl!

Wille und Glut –
Mut steht ihm gut.
Wir zieh'n den Hut!

So wünschen wir heute
Dir stets fette Beute,
Das Gute und Beste
Zum jetzigen Feste!

Für die Allerbeste

Dinge geschehen,
Momente vergehen,
Gedanken verwehen!

Im Leben kaum bunter
Gingst du doch nie unter,
So frisch und so munter!

Heut ist nun dein Tag,
Sei ganz unverzagt,
Weil jeder dich mag!

Ein Netz woll'n wir weben
Aus Freundschaft und Segen,
Viel Glück in dein Leben!

Für dich nur das Beste
Zum heutigen Feste,
Das wünschen wir Gäste!

Runder Geburtstag im höheren Alter

Nicht immer sind eine Rheumadecke und Baumwollunterwäsche oder ein stärkendes Herz-Kreislauf-Tonikum die ersehnten Geburtstagsgeschenke für einen runden Geburtstag jenseits der 70! Manche Jubilarin/manch ein Jubilar kann der fürsorglichen Familie da einen gehörigen Strich durch die Planung machen ...

Die unwürdige Greisin

Sketch

Sketchdauer: ca. 10 Minuten
Personen: das Ehepaar Werner und Sabine, im mittleren Alter
Mobiliar: Couch oder Sessel und Couchtisch
Kostüme: bequeme Hauskleidung für Sabine, Regenmantel und Straßenkleidung für Werner
Requisiten: Regenschirm, Buch

Eingangsszene: Sabine sitzt gemütlich auf dem Sofa und liest. Ihr Mann Werner kommt in nassem Regenmantel und mit einem Regenschirm, den er gerade zusammenfaltet, auf sie zu. Er macht einen äußerst verärgerten Eindruck.

Sabine: *(aufblickend)* Regnet es immer noch so stark? Ich habe mich schon gewundert, wo du so lange bleibst!

Werner: *(laut und genervt)* Ja, wie du siehst, regnet es immer noch so stark! Das hat aber nichts mit meiner Verspätung zu tun!

Sabine: Hat dich deine Mutter wieder nicht gehen lassen? *(beruhigend)* Sie freut sich eben immer so, wenn du sie mal besuchen kommst. So oft seht ihr euch ja auch nicht!

Werner: *(den Mantel ausziehend und ihn über die Sessellehne werfend)* Das liegt ja wohl kaum an mir, sondern eher an ihren vielen Aktivitäten!

Sabine: Es ist doch gut, dass sie nach Udos Tod wieder so aktiv, engagiert und lebenslustig ist.

Werner: Ja schon, aber …

Sabine: Na hör mal, nicht jede alte Dame in ihrem Alter engagiert sich für den Tierschutzverband, organisiert die Seniorinnenabende in ihrer Frauengruppe, sammelt vor Weihnachten Geld für die Heilsarmee und verteilt auf der Straße Broschüren für Greenpeace!

Werner: *(setzt sich stöhnend in einen Sessel)* Ich war ja auch immer stolz auf meine Mutter.

Sabine: Und jetzt bist du das nicht mehr? *(kopfschüttelnd)*

Werner: Es ist einfach nicht zu glauben!

Sabine: *(lächelnd)* Was? Hat sie Staatsgelder veruntreut oder sich noch Schlimmeres zu Schulden kommen lassen?

Werner: *(nickend)* Du bist nahe dran!

Sabine: *(fragend)* Und?

Werner: Weißt du noch, was sie sich dieses Jahr von uns und all ihren Freunden und Bekannten zum 80. Geburtstag gewünscht hat?

Sabine: Ja, sie wollte keine Geschenke, sondern – wie sie sich so niedlich ausdrückte – »ein Scheinchen« von jedem.

Werner: *(ironisch, mit zusammengebissenen Zähnen)* Sehr niedlich!

Sabine: *(lachend)* Du weißt doch, wie sie veranlagt ist. Ihr ganzes Leben hat sie immer nur an andere gedacht. Obwohl sie nie über das Geld gesprochen hat, waren wir uns doch alle insgeheim darüber einig, dass sie es ihren Vereinen und Organisationen gespendet hat.

Werner: Darüber wart ihr euch also alle insgeheim einig!

Sabine: *(legt ihm beschwichtigend die Hand auf den Arm)* Ach, Werner, komm schon! Lass sie doch ihre kleinen Geheimnisse und Schrullen haben. So ist sie nun mal! Sicher wusste sie, dass du dich darüber ärgern würdest und hat dir deshalb erst heute davon erzählt.

Werner: Sie hat das Geld gar nicht gespendet.

Sabine: *(überrascht)* Nicht gespendet? Hat sie es jemandem geliehen und es nicht zurückbekommen? *(da Werner den Kopf schüttelt, nachhakend)* Hat sie eine Dummheit damit gemacht, und es ist jetzt verloren?

Werner: *(aufgebracht)* Dummheit oder nicht, vergeudet ist das Geld in jedem Fall! *(erklärend und dabei wild gestikulierend)* Mutter hat sich das neue Panasonic Handy mit eingebauter Kamera und tausend anderem Spezialschnickschnack gekauft und in den letzten Wochen so viel Freude damit gehabt, ihrer Freundin Effi die Fotos zuzusenden, die sie überall in der Stadt beim Kleideranprobieren zeigen, dass sie jetzt ihre horrende Telefonrechnung nicht mehr selbst bezahlen kann! *(da Sabine anfängt zu lachen und ihr Buch wieder zur Hand nimmt, resigniert)* Ja, lach nur! Ich bin es ja schließlich, der Mutter aus diesem Schlamassel wieder herausholen muss. Ist ja auch egal! *(ablenkend)* Was liest du da übrigens?

Sabine: *(das Buch zur Seite legend und betont laut und deutlich)* Bertolt Brecht: Die unwürdige Greisin!

Die Früchte des Alters

Rede einer Enkelin/ eines Neffen

Liebe Marthe, liebe Oma

du feierst heute deinen 80. Geburtstag, und wir alle freuen uns sehr, diesen Tag mit dir verbringen zu dürfen.
»Wo ist die Zeit nur so schnell hingegangen?«, hast du dich heute Morgen, als du dich auf diesen Tag vorbereitet hast, gefragt und »Bin ich wirklich schon 80 Jahre auf der Welt?«

Ein langes Leben

80 Jahre sind mehr als ein Dreivierteljahrhundert! Ein Dreivierteljahrhundert an zeitgeschichtlichen Ereignissen, die dich, deine Sicht auf die Welt und die Menschen in ihr beeinflusst und geformt haben. Und auch die persönlichen Erlebnisse, die du während all dieser Jahre machen, und die Menschen, die du gut kennen lernen konntest, haben aus dir die Person gemacht, die wir heute kennen, schätzen und feiern.

Persönlichkeit der Jubilarin

Von deiner über die Jahre gewachsenen Menschenkenntnis profitieren wir alle; durch viele Gespräche vermittelst du uns wertvolle Einsichten und lässt uns vergangene, gegenwärtige und zukünftigen Pläne immer wieder neu überdenken.
Manchmal schimpfst du darüber, dass deine Augen schwächer werden, dir manches nicht mehr so schnell von der Hand geht wie früher oder du nicht immer alles laut genug hörst – was allerdings durchaus von Vorteil sein kann, denn wir würden auch gern mal das eine oder andere überhören …
Das wirklich Wichtige siehst, erkennst und hörst du jedoch mit deinem Herzen, und darauf kommt es an!

Bestandteil der Familie

Mit deiner ganz besonderen persönlichen Art und deinem großen Erfahrungsschatz, an dem du uns teilhaben lässt, bist du zu einem unverzichtbaren Teil im Leben all deiner hier anwesenden Gäste geworden. Wir hoffen, dass wir noch viele gemeinsame Jahre miteinander verbringen und dich noch lange in unserer Mitte haben werden!

Verse zum runden Geburtstag im höheren Alter

Dein Geburtstag ist heut,
Und das ist große Freud!
Dreimal hoch lebest du!

Und du sollst dich sehr freuen
In dem Kreis deiner Treuen,
Dreimal hoch lebest du!

Gibst dein Herz uns als Pfand,
Schließt drum fest unsere Hand,
Dreimal hoch lebest du!

Auf gemeinsame Reise
Durch die Zeit, die uns speise –
Dreimal hoch lebest du!

Wir sind alle bereit,
Kerzenschein weit und breit,
Dreimal hoch lebest du!

Fasching

Beim Fasching ist an Kostümen nahezu alles erlaubt, was auch so mancher Partygast – mehr oder weniger unverfroren und nicht immer zur großen Freude der Gastgeber und Gäste – ausnutzt ...
Für andere bedeutet Fasching vor allem Pfannkuchen, und den traditionellen Gang zum Bäcker an diesem Dienstag kann nur der Gang nach Canossa überbieten!

Märchenhaft

Sketch

Sketchdauer: ca. 7 Minuten
Personen: Heidelinde, eine üppige Frau, und ihre sehr schlanke Freundin Jutta, beide Mitte 40.
Kostüme: Heidelinde trägt einen gut sitzenden, weiten, farbenfröhlichen Rock und eine passende, leuchtende Bluse dazu, Jutta ist in ein enges dunkelblaues oder graues, elegant-unauffälliges, enges Kostüm gekleidet
Mobiliar: zwei Sessel, Couchtisch
Requisiten: Kaffeegeschirr für zwei Personen, Torte und Kekse

Eingangsszene: Die beiden Frauen sitzen einander gegenüber auf zwei bequemen Sesseln. Heidelinde hat sich entspannt zurückgelehnt und balanciert einen Kuchenteller mit zwei großen Stücken Sahnetorte und ein paar Keksen auf ihrem Schoß. Jutta sitzt sehr gerade am Tisch und pickt wie ein Vögelchen an ihrem halbierten Keks herum.

Jutta: *(seufzend)* Morgen ist Fasching, und ich muss noch zwei Kilo abnehmen, um in mein Kostüm hineinzupassen. *(mit einem Blick auf ihre Freundin, die sich gerade ein großes Stück Torte in den Mund geschoben hat)* Ihr kommt doch morgen auch, oder?

Heidelinde: *(kauend und undeutlich)* Mh, klar kommen Matthias und ich auch. Wir sind doch jedes Jahr auf eurer Märchen-Faschingsparty dabei!

Jutta: *(seufzend)* Ja, auf dich ist Verlass! Seit 10 Jahren mit Matthias, und immer im gleichen Kostüm!

Heidelinde: *(schluckt ihren Bissen hinunter)* Magst du denn unseren Auftritt als Rotkäppchen und der böse Wolf nicht mehr? Am Anfang hast du gesagt, das sei ein toller Einfall!

Jutta: Ja, am Anfang war das ja auch sehr originell!

Heidelinde: *(stellt nachforschend den Teller ab)* Und jetzt nicht mehr?

Jutta: *(zögernd)* Doch, schon ..., aber ...

Heidelinde: *(nachhakend)* Aber was?

Jutta: Nun, die Menschen verändern sich eben im Laufe der Zeit etwas.

Heidelinde: *(beugt sich über ihren Teller und isst ein weiteres Stück ihrer Torte, gelassen)* Ja, wir werden alle älter. Na und! Deswegen kann man doch Spaß haben. Schließlich feiern wir Fasching, und es ist keine Beerdigung!

Jutta: *(spitz)* Deswegen muss man sich ja nicht zum Gespött aller Anwesenden machen!

Heidelinde: *(knallt empört den Teller auf den Tisch)* Willst du damit sagen, dass Matthias und ich uns seit einiger Zeit in unserem Rotkäppchen-und-der-böse-Wolf-Outfit zum Gespött der anderen Gäste machen???

Jutta: *(sich windend)* Manche Kostüme sind irgendwann einfach nicht mehr passend, Heidi! *(Sie deutet mit dem Finger auf den Kuchenteller und zieht in der Luft mit dem Zeigefinger die Körperkonturen ihrer Freundin nach)*

Heidelinde: *(wütend)* Du meinst also, ich sei zu dick geworden, um Rotkäppchen zu spielen?

Jutta: *(seufzend)* Ich will mal sagen: Du füllst die Rotkäppchen-Rolle nicht mehr so richtig! *(da Heidelinde schweigt, die Lippen spitzt und einen Moment beleidigt wirkt, leicht triumphierend)* Man muss sich eben damit abfinden, dass man sich verändert. *(falsch lächelnd)* Es gibt doch noch andere Märchenfiguren, die man auch im fortgeschrittenen Alter und mit nicht mehr ganz jugendlichen Proportionen toll spielen kann ... *(bemüht)* ... und ganz attraktive sogar!!

Heidelinde: *(zurückgelehnt, mit zusammengekniffenen Augen und ironisch)* Ja, z. B. die Rolle von Schneewittchens Stiefmutter! Aber die hast du ja schon seit zehn Jahren für dich reserviert, und ich muss zugeben: Du spielst sie wirklich von Jahr zu Jahr besser!

Füllungen

Sketch

Sketchdauer: ca. 10 Minuten
Personen: Nils, ca. 8 Jahre alt, die Bäckereiverkäuferin und eine Schlange mit wartenden männlichen und weiblichen Kunden verschiedenen Alters
Mobiliar: Tisch, der als Bäckereitheke verwendet wird
Kostüme: Straßenkleidung für alle Kunden, Berufskleidung für die Verkäuferin
Requisiten: Pfannkuchen mit Puderzucker und unterschiedlicher Glasur und Verzierung, Papptabletts, Einwickelpapier, Papptüte, ein Zettel

Eingangsszene: Die Bäckerei ist mit bunten Luftschlangen für die Faschingszeit dekoriert. Vor der Theke hat sich eine lange Schlange gebildet. Nils steht ganz vorn.

Bäckereiverkäuferin: *(freundlich)* Na, mein Kleiner – möchtest du Pfannkuchen kaufen? *(da Nils nickt, ermunternd)* Welche Sorte möchtest du denn?

Nils: Welche mit Füllungen. *(Die Kunden lächeln einander verständnisvoll zu)*

Verkäuferin: *(freundlich und stolz)* Es gibt bei uns ganz unterschiedliche Füllungen! *(Sie zählt an den Fingern ab)* Erdbeermarmelade, Kirsch, Ananas und Eierlikör, Cointreau, Vanillepudding, Pflaumenmus …

Nils: *(sie unterbrechend und auf einen Pfannkuchen in der Auslage zeigend)* Diese da!

Verkäuferin: Aha, du möchtest also welche mit Pflaumenmus. *(nimmt ein Papptablett)* Wie viele möchtest du denn?

Nils: 24 Stück.

Verkäuferin: 24 Stück! Na, das ist ja eine ganze Menge! So viele Pfannkuchen mit Pflaumenmus habe ich zur Zeit gar nicht. Aber vielleicht kannst du ja auch ein paar mit Marmelade nehmen. Die schmecken auch sehr gut!

Nils: Ich will ja auch welche mit Marmelade.

Verkäuferin: *(verständnisvoll)* Ach so! Du willst 24 Pfannkuchen insgesamt. Dann geb ich dir 12 mit Pflaumenmus und 12 mit Marmelade! *(legt 12 Pfannkuchen auf ihr Tablett)*

Nils: Ich möchte lieber nur drei mit Marmelade und vier mit Pudding und einen mit Schnaps und zwei …

Verkäuferin: *(abwehrend)* Moment, moment! Ich komme nicht mit. *(Die Kunden werden langsam unruhig)*

Nils: Sieben mit Pflaumenmus und drei mit Aprikosenmarmelade und vier mit Schokolade und zwei mit Eierklikör …

Verkäuferin: *(genervt)* Das ist viel zu schnell! Außerdem hast du eben noch gesagt …

Nils: *(monoton und auf die verschiedenen Pfannkuchen zeigend)* Sechs mit Marzipan und vier mit Erdbeerlikör und neun mit … *(Die Kunden werden noch unruhiger)*

Verkäuferin: *(das halbvolle Tablett unsanft auf die Theke stellend, unfreundlich)* So genau weißt du wohl auch nicht, was du willst, junger Mann! *(da Nils anfängt zu schniefen, einlenkend und mit besorgtem Blick auf die Kunden)* Schon gut, schon gut! Ich stelle dir jetzt eine schöne Mischung aus verschiedenen leckeren Füllungen zusammen!

Nils: *(schniefend protestierend)* Aber meine Mutter …

Verkäuferin: *(betont freundlich)* Keine Sorge! Deine Mutter wird schon einverstanden sein! *(macht schnell die beiden Tabletts fertig und packt alles ein)*

Nils: *(lauter schniefend)* Aber …

Verkäuferin: *(in verschwörerischem Ton)* Die Füllungen schmecken sowieso alle gleich, weißt du! *(vertraulich)* Nur die Farben und Preise sind unterschiedlich, verstehst du?! *(Nils hört auf zu schniefen. Die anderen Kunden erstarren bei diesen Worten, was die Verkäuferin jedoch nicht bemerkt. Sie reicht Nils die Tüte über die Theke und zwinkert ihm komplizenhaft zu. Nils nickt ergeben und gibt ihr einen Schein. Sie gibt ihm das Wechselgeld zurück, und Nils geht zur Tür, gefolgt von allen Kunden, die mit ihm eilig das Geschäft verlassen. Verblüfft hinter ihnen herrufend)* Aber meine Damen und Herren! Das ist ein Missverständnis! Es sind noch genug Pfannkuchen mit allen Füllungen da! *(Keiner kommt zurück. Sie schüttelt traurig den Kopf)* Immer in Eile und kein Verständnis für Kinder!

Pfannkuchenrennen

Rede einer lustigen Gastgeberin

Liebe Gäste,

ich freue mich, euch heute hier auf unserer Faschingsparty begrüßen zu können!
Damit wir gleich etwas in Bewegung kommen und nachher richtigen Hunger für das Buffet haben, beginnen wir unser Fest mit einem Spiel, dem Pfannkuchen-Rennen.

Ein alter Brauch, …

Keiner hat davon gehört? Nun, dann lasst mich kurz ein paar Worte zur Erklärung dazu sagen: Das Pfannkuchen-Rennen gibt es wirklich! Es stammt aus England, wurde in der Mitte des 15. Jahrhunderts zum ersten Mal urkundlich erwähnt, und keiner weiß eigentlich so richtig, warum es überhaupt existiert! Die Engländer lieben jedenfalls Wettspiele, und deshalb lebt diese Tradition seit ca. 50 Jahren wieder am Faschingsdienstag auf. Schon die Vorbereitung des Rennens wird eifrig betrieben: Im Pfarrsaal der Kirche wird frühmorgens Teig in großen Eimern gerührt, dreimal läutet die »Pancake Bell«: Der erste Glockenton gibt das Signal zum Backen, der zweite zeigt um 5 Minuten vor 12 Uhr den Marsch zum Start an, und um Punkt 12 Uhr geht das Rennen dann los.
In Kopftuch und Schürze laufen die Wettkämpferinnen mit einem in einer Pfanne brutzelnden Pfannkuchen eine 380 Meter lange Rennstrecke zwischen London und Nottingham auf einer Schnellstraße entlang. Unter dem anfeuernden Beifall der umstehenden Menge versuchen sie dabei, die Pfannkuchen dreimal hoch in die Luft zu schleudern und dann wieder in der Pfanne aufzufangen.

… der reichen Lohn bringt.

Die Schnellste unter ihnen bekommt vom Pfarrer eine Bibel geschenkt und einen »kiss of peace«. Heutzutage gibt es jedoch nicht nur den Siegerinnenkuss, sondern jeder küsst am Ende jeden, denn der Wettkampf macht allen großen Spaß.

Liebe Gäste, ihr wisst jetzt also, was in wenigen Minuten auf euch zukommen wird!
Wir haben in der Küche schon Pfannen und Pfannkuchen vorbereitet. Kopftücher und Schürzen liegen ebenfalls bereit.
Dann geht's hinaus in den Garten, und ich zeige euch die Rennstrecke! Mit meinem Gong gebe ich euch das Startsignal.
Und noch etwas: Bei uns machen auch die Männer mit, und auf den Sieger oder die Siegerin warten am Ziel nicht nur Küsse, sondern noch eine andere Überraschung!

Verse zum Fasching

Pfannkuchen geschmeckt
Und die Lippen geleckt,
Sektflaschen versteckt
wilde Späße geheckt ...

Das Tanzbein gestreckt
Und die Zähne gebleckt,
Neue Nasen beleckt,
Alle Sinne geweckt ...

Viel Spaß am Vermeiden
Der Kritik am Verkleiden!
Will's keinem verleiden
Am heutigen Tag!

Weihnachten

Weihnachtsmänner und ein geflügeltes Christkind erwecken nicht in jedem Heranwachsenden die Erinnerung an heimelige Gefühle friedlicher Festtagsstimmung.
Uns gerät bei diesen Berichten über zwei ganz besondere Weihnachtsabende im Kreise der Familie noch nachträglich der Atem ins Stocken!

Heilige Nächte

Sketch

Sketchdauer: ca. 15 Minuten
Personen: Timo und Philipp, beide ca. 12
Mobiliar: zwei Stühle
Requisiten: zwei Computerspiele

Eingangsszene: Timo und Philipp sitzen mit den Gesichtern zum Publikum nebeneinander auf ihren Stühlen. Sie sind beide mit ihren Computerspielen beschäftigt, die sie in den Händen halten.

Timo: *(in sein Spiel vertieft)* Und wie war Weihnachten bei euch dieses Jahr?

Philipp: *(unkonzentriert)* Nicht so gut. Das lag am Weihnachtsmann.

Timo: *(lachend)* Ihr hattet einen Weihnachtsmann?

Philipp: *(achselzuckend)* Wir haben jedes Jahr einen.

Timo: *(ironisch)* Denken denn deine Eltern, dass du immer noch an den Weihnachtsmann glaubst?

Philipp: *(mit rollenden Augen)* Quatsch! Der Weihnachtsmann kommt wegen Bine.

Timo: *(nickend)* Deine kleine Schwester! Stimmt, habe ich ganz vergessen! Wie alt ist sie jetzt?

Philipp: Drei.

Timo *(nickend)* Hatte sie Angst vor dem Weihnachtsmann?

Philipp: *(mit einem Blick auf seinen Freund)* Angst? Sie brüllte ununterbrochen und ließ sich überhaupt nicht mehr beruhigen!

Timo: *(interessiert und das Spiel in den Schoß legend)* Wieso denn? Ich denke, der Weihnachtsmann kommt jedes Jahr zu euch?

Philipp: *(weiterspielend)* Ja, aber nicht dieser!

Timo: *(überrascht)* Wie?

Philipp: *(nickend)* Normalerweise spielt mein älterer Bruder Matthias immer den Weihnachtsmann. *(mit abwinkender*

Handbewegung) Voll locker! Er kommt verkleidet, und wir singen alle gemeinsam ein paar Lieder unter dem angezündeten Tannenbaum. Dann packt er seinen Sack aus, verteilt die Geschenke, bekommt von uns als Dankeschön Lebkuchen, Kekse und Saft, und dann geht er auch schon wieder, um sich umzuziehen und als Matthias mit uns in Ruhe weiterzufeiern.

Timo: Und dieses Jahr hat Matthias nicht den Weihnachtsmann gespielt?

Philipp: *(traurig)* Nein, dieses Jahr war Matthias krank, und wir mussten ganz schnell einen Ersatz besorgen.

Timo: Und wen habt ihr gefunden?

Philipp: *(seufzend)* Frank!

Timo: *(entsetzt)* Euern Nachbarn Frank, von dem du mir erzählt hast?

Philipp: *(nickend)* Ja, der einem ständig sagt, was man nicht tun darf!

Timo: *(mitleidig)* O Schreck! Wie sind denn deine Eltern gerade auf den gekommen?

Philipp: Matthias ist ganz plötzlich krank geworden, und es war kein anderer Ersatz mehr zu finden!

Timo: *(zustimmend)* Und ihr wolltet deine kleine Schwester ja auch nicht enttäuschen! *(Philipp nickt)* Wie war Frank denn?

Philipp: Ganz schrecklich! Erst mussten meine Eltern und ich drei Gedichte aufsagen, was total peinlich war, denn das schaffte nur meine Mutter. Ich habe anderthalb zusammengestottert, und meinem Vater fiel überhaupt keins ein.

Timo: *(entsetzt)* Drei Gedichte?

Philipp: Das war erst der Anfang! *(Timo sieht ihn fragend an)* Danach sollte ich die Weihnachtsgeschichte vorlesen, die wir erst suchen mussten, da wir gar nicht mehr wussten, in welchem Buch sie stand!

Timo: *(kopfschüttelnd)* Hört sich alles anstrengend an!

Philipp: *(verstimmt)* Meine Mutter hat versucht, ihn mit selbstgebackenen Plätzchen abzulenken und sogar schon eine Flasche Rot-

	wein geöffnet, aber Frank meinte, zu viel Süßes sei ungesund und Alkohol in Gegenwart von Kindern eine Sünde. Dabei drohte er ständig mit einer Rute, die gar nicht zum Kostüm gehörte, und machte Bine immer mehr Angst.
Timo:	Hat er euch denn wenigstens eure Geschenke gegeben?
Philipp:	Das war auch so eine Sache! Er hat gesagt, dass der Geschenkesack eigentlich viel zu voll sei und wir uns alle nur ein Geschenk aussuchen dürften. Die restlichen Geschenke würde er erst einmal im Sack lassen, und meine Eltern könnten sie dann später im Jahr verteilen.
Timo:	*(empört)* So eine Frechheit!
Philipp:	*(nickend)* Das Allerschlimmste war dann der Abschluss mit dem Geld!
Timo:	*(verblüfft)* Geld?
Philipp:	Mutter wollte ihn schließlich wegschicken, und da wurde er ganz wütend, weil sein Programm angeblich noch nicht zu Ende gewesen sei, und schrie, er wolle sofort seine 100 Euro haben!
Timo:	*(laut)* Hundert Euro für diese Quälerei?
Philipp:	Das hat mein Vater auch gebrüllt und ihn mit der Rute aus dem Haus gejagt. *(Beide Jungen nicken einstimmig)*
Timo:	*(teilnehmend)* Dann war euer Weihnachten ja fast noch schlimmer als unseres!
Philipp:	*(verwundert)* Hattet ihr auch Probleme?
Timo:	*(unsicher)* Ja, schon … Meine Schwester Beate ist doch Schauspielerin und bereitet sich seit Monaten auf einen Film vor, in dem sie einen Engel spielen muss.
Philipp:	*(schlau)* Aha, und da hat sie als Vorbereitung bei euch zu Weihnachten das Christkind gespielt – eine tolle Idee!
Timo:	*(zögernd)* Eigentlich schon, aber Beate vertieft sich immer so in ihre Rollen und vergisst dann, dass sie eigentlich Beate ist.
Philipp:	*(lachend)* Dachte sie etwa, sie kann fliegen?
Timo:	*(ernst)* Ganz genau! Deshalb flog sie nämlich nach ihrer

Vorstellung zum Fenster hinaus, und jetzt wissen wir nicht so genau, was aus ihr geworden ist …

Philipp: *(entsetzt)* Was aus ihr geworden ist???

Timo: *(nickend)* Wir wohnen ja glücklicherweise nur im ersten Stock, aber trotzdem …

Ein harmonisches Weihnachtsfest

Rede eines Vaters/ einer Tante

Liebe Familie, liebe Gäste!

Ich freue mich, dass wir hier und heute zusammensitzen, um gemeinsam das Weihnachtsfest zu feiern.

Weihnachten als Friedenfest

Es gibt vieles, über das wir uns freuen können. Zunächst einmal denke ich natürlich an den Anlass dieses Festes, an die Geburt von Jesus Christus, der auf die Erde gekommen ist, um die Menschen zu erlösen und uns Kraft auf unseren Lebenswegen für die täglichen Herausforderungen, Pflichten und auch freudvollen und glücklichen Momente zu geben.
Auch können wir dankbar sein, dass wir in den Zeiten der Unbeständigkeit, die uns umgeben, hierzulande dennoch friedvoll und in kostbarer Freiheit leben. Deshalb wollen wir heute auch der Menschen gedenken, denen es weniger gut geht und die in Not oder Schwierigkeiten sind.

Weihnachten als Familienfest

Einerseits stimmt uns das Weihnachtsfest besinnlich, andererseits ist es aber auch ein freudiger, hoffnungsvoller und glücklicher Anlass des Feierns und Zusammenkommens. Wir betrachten es auch als Familienfest und Fest der Liebe und sollten uns daher in ganz besonderem Maße während der Weihnachtszeit umeinander kümmern und unsere Beziehungen stärken und vertiefen. Vielleicht finden wir auch Zeit, uns über Neues auszutauschen, das eine oder andere längere Gespräch miteinander in festlich-gemütlicher Atmosphäre zu führen oder einfach nur in Gemeinschaft eine feierliche und doch entspannte Stimmung entstehen zu lassen und sie auf unserem diesjährigen Weihnachtsfest zusammen zu genießen.
Uns und all den Menschen, an die wir heute denken, wünsche ich in diesem Sinne ein friedliches, frohes und harmonisches Weihnachtsfest!

Verse zum Weihnachtsfest

Selige Nacht

Der Herr ist geboren,
Von Gott auserkoren
Mit heiliger Macht.

Verkündet er Gutes,
Macht uns frohen Mutes,
An all uns gedacht.

Ein jeder willkommen,
Sein Plätzchen genommen
Zur seligen Nacht.

Drum lasset uns feiern,
Die Bräuche entschleiern
Inmitten der Pracht.

Christuskind

nach der alten Volksweise «Alle Jahre wieder«

Lasst uns eilen – geschwind!
Zu sehen das Christuskind!
Es kommt auch heute wieder
Auf unsere Erde nieder.

Bringt uns den guten Segen
Auf allen unseren Wegen,
Besucht ein jedes Haus,
Geht mit uns ein und aus.

Steht immer uns zur Seite,
Von wo es treu uns leite.
Knüpft zwischen uns ein Band,
Ganz still und unerkannt.

Fröhliche Weihnachten

nach der Volksweise »O du fröhliche«

O fröhliche, selige Hochweihnachtszeit!

Die Welt ging verloren,
Doch Christ ward geboren
Und ist uns erschienen,
Um uns zu versühnen.

Drum jauchzen die Heere
Ihm himmlische Ehre.
Die Christenheit freut sich,
Umarmet sich herzlich.

O fröhliche, selige Hochweihnachtszeit!

Silvester

Die bösen Geister mit möglichst viel Krach vom neuen Jahr fern halten oder das alte Jahr in stiller Besinnlichkeit verabschieden?
Was passiert, wenn die eine denkt, der andere will, was sie will, und der andere denkt, dass die eine weiß, was er will, was aber nicht das ist, was die andere ...
Den größten Spaß hat dann wohl – in unserem Fall – die Dritte!

Ganz in Holgers Sinne

Sketch

Sketchdauer: ca. 7 Minuten
Personen: Herr und Frau Schubert und Frau Selcher, alle um die 50
Kostüme: Straßenkleidung
Requisiten: Einkaufstaschen, Raketen und Feuerwerkskörper

Eingangsszene: Frau Selcher und Frau Schubert kommen sich auf dem Nachhauseweg vom Einkaufen entgegen. Beide begrüßen sich und stellen ihre Taschen auf den Boden, um sich zu unterhalten.

Frau Selcher: Guten Tag, Frau Schubert! Auch noch ein paar Leckereien für heute Abend eingekauft? *(neugierig)* Feiern Sie dieses Jahr Silvester wieder zu Hause, oder gehen Sie mit Ihrem Mann aus?

Frau Schubert: *(müde)* Was für ein Rummel überall, nur weil wieder einmal ein Jahr vorbei ist und ein neues beginnt!

Frau Selcher: Da haben Sie eigentlich Recht, obwohl man ja am Silvesterabend dann doch irgendwie in Feierlaune gerät, nicht wahr?

Frau Schubert: *(abwehrend)* Also, Holger und ich machen uns eigentlich gar nichts mehr aus Silvester!

Frau Selcher: *(überrascht)* Nein? Aber Ihr Mann hat doch vorletztes Jahr auf Ihrer großen Silvesterparty noch ein riesiges Feuerwerk und …

Frau Schubert: *(sie unterbrechend)* Das hat er nur für die eingeladenen Kinder getan! *(lächelnd)* Holger ist ein leidenschaftlicher Gastgeber und immer um das Wohl seiner Gäste bemüht.

Frau Selcher: *(nickend)* Aber letztes Jahr hatten Sie doch nur Ihre Schwiegereltern zu Besuch und *(lacht laut auf)* ich kann mich noch genau an den Krach der Riesenböller erinnern …

Frau Schubert: *(leicht verärgert)* Die Böller hat Holger gezündet, weil mein Schwiegervater nur noch sehr schlecht sehen kann und fast taub ist. *(vorwurfsvoll)* Ich sagte ja bereits, wie sensibel mein

Mann ist. Er wollte doch nicht, dass der alte Mann den Jahreswechsel verpasst!

Frau Selcher: *(verständnisvoll)* Ich verstehe! Dieses Mal bleibt es dann wohl ganz ruhig bei Ihnen, oder?

Frau Schubert: *(stolz)* Ja, dieses Mal machen wir es uns zu zweit gemütlich. *(zeigt auf ihre Einkaufstüte am Boden, betont bescheiden)* Ein paar Kleinigkeiten für ein Käsefondue, ein Fläschchen Wein, kein Lärm und Geknalle … und das Feuerwerk der anderen können wir auch vom Balkon aus sehen! Mein Mann ist da sehr bescheiden, und das ist auch ganz in meinem Sinne. *(Frau Selcher nickt etwas enttäuscht)*

Holger: *(kommt aufgeregt über die Bühne auf die beiden Frauen zugelaufen. Er ist über und über mit Feuerwerksmaterial und Knallkörpern beladen. Nach einem kurzen Begrüßungsnicken atemlos zu seiner Frau)* Hier bist du also! Ich habe dich schon gesucht, weil ich wissen wollte, wo ich denn die Raketenstände im Garten aufbauen soll. *(da sie ihn entsetzt ansieht, ungeduldig)* Für heute Abend!!! *(stolz mit dem Kopf auf seine Raketen und Feuerwerkskörper deutend und zu Frau Selcher)* Dieses Mal haben wir zum Glück keine Gäste, auf die wir Rücksicht nehmen müssen! *(skeptisch auf die Einkaufstasche seiner Frau blickend)* Hast du auch genug Champagner- und Sektflaschen als Unterstand gekauft? *(schaut auf die Uhr)* Sonst muss ich schnell noch einmal los, denn die Geschäfte schließen bald!

Frau Selcher: *(fängt an zu kichern, ironisch)* So bescheiden, so sensibel! *(Frau Schubert schaut sie böse an, nimmt die Tasche vom Boden und den Arm ihres erhitzten Mannes und zieht ihn mit sich über die Bühne. Dabei muss sich Holger immer wieder bücken, um hinunterfallende Raketen und größere Feuerwerkskörper aufzuheben, was er verärgert kommentiert)*

Verse zum Jahreswechsel

Das alte Jahr steht an der Tür,
Hält Ausschau nach dem neuen.
Das Neue, das wird besser sein,
Wir werden nichts bereuen!

Hereingeweht es kommt so frisch,
Zieht seine Bahnen um den Tisch,
Nascht auch ein bisschen von dem Fisch
und streicht uns um die Beine.

Geschmiedet werden große Pläne,
Was führen kann zu mancher Träne,
Denn fallen können manche Späne
Im Konterfei des neuen Jahres.

Drum feier jetzt und sei recht munter,
Vielleicht wird nächstes etwas bunter?
Und wenn auch nicht – dann tröstet eins:
Das übernächste, das wird DEINS!

Elke Müller-Mees
Es fragt die bunte Kuh: »Wer bist denn ...?«
Sprach- und Wortspiele für Kinder
ISBN 3-332-01336-X

Elke Müller-Mees
Kindertheater in der Weihnachtszeit
ISBN 3-332-01436-6

Das macht Kindern Spaß!